Basilicum & Rode Rozen

AMY STEWART

Basilicum & Rode Rozen

Het verhaal van mijn eerste tuin

Sirene ® wordt uitgegeven door
Uitgeverij Maarten Muntinga bv, Amsterdam

www.sirene.nl

Oorspronkelijke titel *From the Ground Up: The Story of a First Garden*
Published by arrangement with Algonquin Books of Chapel Hill,
a division of Workman Publishing Company, New York
© 2001 Amy Stewart
© 2002 Nederlandse vertaling Uitgeverij Maarten Muntinga bv,
Amsterdam
Vertaald uit het Engels door Aat van Uijen / Studio Imago
Omslagontwerp Studio Eric Wondergem BNO
© Omslagfoto Arsis
© Foto auteur Scot Brown
Zetwerk Stand By, Nieuwegein
Druk Hooiberg, Epe
Uitgave in Sirene april 2002
Alle rechten voorbehouden

ISBN 90 5831 161 9   NUGI 301/411

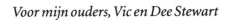

Voor mijn ouders, Vic en Dee Stewart

INHOUD

HET ZAADJE PLANTEN

Tuinen ontstaan niet vanzelf. Tuinen komen niet zomaar aanwaaien. Een paar zaadjes die door de wind op de grond terechtkomen, een berenklauw die aan de kant van de weg groeit of klaprozen op het talud van het spoor – maar deze migranten, deze vrijwilligers, vormen nog geen tuin. Een tuin is een creatie van de mens. Er moet eerst over worden nagedacht. Zijn bestaan moet worden gewenst, worden gepland, net als dat van een kind.

Zo is mijn tuin tenminste begonnen. Ik ben een kind van de Amerikaanse buitenwijken, waar tuinen voor gras zijn bestemd en alleen voor gras. Amerika, waar bloemen in cellofaan uit de supermarkt komen en spinazie in bevroren bakstenen wordt verkocht. Ik herinner me één tuin uit mijn jeugd, die ik op een dag zag toen mijn ouders huizen gingen kijken. Ik was ongeveer zeven, mijn broertje vijf, en we waren het zat om in een flat te wonen. We wilden een eigen slaapkamer, riepen mijn broertje en ik van de achterbank, en een tuin. Het ene huis zag er al net zo uit als het andere, bakstenen huizen met lappen pas gemaaid gras. Ik kan me er nog maar één herinneren, bij een gelijkvloerse woning als alle andere, maar de achtertuin was getransformeerd in een lommerrijke, overwoekerde moestuin. Ik had nog nooit zoiets gezien. Overal zag ik aardbeien groeien. De oude man die er woonde, stond ze voorovergebogen, zich verbergend voor de makelaar, te plukken. Toen hij me zag, duwde hij me zachtjes naar de aardbeien en zei dat ik me niet druk hoefde te maken over het zand dat eraan zat, maar ze gewoon kon eten. Dat deed ik en ik liet hun volle, wilde smaak door mijn mond dwalen. De steeltjes stak ik zorgvuldig in mijn zak.

Hij liet me zien hoe je erwten eet die tegen het hek klimmen. Pak één eind van de peul en breek hem af, stevig, maar niet te stevig, zodat er een draadje blijft zitten dat als een ritssluiting werkt. Haal de erwten er één voor één uit. Ik onderzocht de binnenkant van de peul met mijn tong en de erwten rolden in mijn mond. Hun smaak riep al het moois van de zomer op, gras en krekels en zwembaden, en de weldadige warme zon zelf. Ik hield de erwten en stopte ze in mijn zak bij de natte aardbeiensteeltjes. Thuis haalde ik ze 's avonds te voorschijn, waar ze vies en nutteloos leken tussen het speelgoed en de boeken waarmee mijn kamer bezaaid was.

Ik dacht niet meer aan tuinieren tot ik ging studeren, toen mij de voortuinen in mijn buurtje in Austin opvielen als ik naar college ging. Ik zwaaide verlegen naar mijn buren, vooral studenten of jonge universitaire medewerkers, die buiten tussen hun bloemen stonden, voor de zon begon te branden. Wat waren ze aan het doen? Moesten ze niet naar college? Moesten ze niet studeren? De gedachte een dergelijke verzaking van mijn werk toe te staan leek me onverantwoord. Toen ik ze echter 's avonds, in de weekeinden of tijdens een gestolen uurtje in de middag – als ik wist dat ze spijbelden – hun tuin zag bijhouden, begon ik ze te benijden. Ze waren buiten met hun schop en hun laarzen, spitten de grond om en praatten met elkaar over het hek. Na mijn studie, met het vooruitzicht mijn hele leven in een kantoor met kunstlicht te werken, snakte ik naar wat zij hadden, een manier om buiten te zijn en mijn handen vuil te maken, om iets te scheppen, om iets te laten groeien. Ik ontmoette mijn man Scott tijdens mijn studie, en toen die op zijn eind liep hadden we het over samen naar Californië verhuizen. Californië was in mijn verbeelding het hele jaar groen en tropisch. In Californië kon alles groeien. 'Ik wil een tuin als we aan de kust gaan wonen,' zei ik tegen Scott, 'en huis met een tuin waar ik iets kan planten.'

Als ik het toen aan mijn buren had gevraagd, hadden ze me kunnen vertellen dat tuinieren meer is dan planten in de grond stoppen. Als je aan een tuin gaat werken, gebeurt er iets merkwaardigs. De tuin gaat ook met jou aan het werk. Bij het tot leven brengen van een lapje grond, wordt je leven anders.

Daar zou ik echter gauw genoeg achter komen, en Scott ook. Toen we naar Californië verhuisden, duurde het niet lang voor we een plek vonden waar ik mijn eerste tuin kon aanleggen.

De grond in

DE EERSTE TUIN

*Een tuin aanleggen is niet een rustige hobby voor
bejaarden, die kan worden opgepakt en weer worden
neergelegd als een spelletje patience. Het is een grote
passie. Het grijpt iemand geheel en daarna moet hij
accepteren dat zijn leven radicaal gaat veranderen.*

MAY SARTON, Plant Dreaming Deep, 1968

De tuin was aanvankelijk niet veel soeps: een lap kale grond,
een paar fruitbomen en wat struiken. De vorige eigenaars
hadden niet veel aan de tuin gedaan, en dat vond ik prima.
Ik wilde niet het onafgemaakte werk van een ander overnemen. Ik wilde alle eer voor wat deze tuin uiteindelijk zou
worden.

Het huis was een oude Californische bungalow, lichtbruin met donkerbruine sierstrippen, een beetje saai vergeleken met het wit en de pastcltinten van de andere huizen
in de buurt. Aan de voorkant zaten drie ramen: links ons
slaapkamerraam, vervolgens de vensters rond wat eerst
de galerij en later een toegangspad was en rechts een enorm
huiskamerraam dat het huis met licht vulde en 's zomers
de heiige, zalmkleurige zonsondergangen in het westen
omlijstte. Zes houten traptreden leidden van de voordeur

naar de patio, waar je op de oude metalen leuning kon zitten en uitkijken over de straat die naar de oceaan leidde.

Er was geen voortuin, alleen een strookje grond onder de ramen, nauwelijks genoeg om er iets te planten. De huizen in de straat stonden op een heuvel bij de rivier, alle ongeveer anderhalve meter boven het trottoir. Als je langs ons huis liep, was de tuin op ooghoogte. Iedereen plantte iets langs de buitenmuren om de buurt er aardig uit te laten zien. De mensen aan het eind van ons blok hadden een formele buxushaag neergezet, de buren roze geraniums. Wij zaten met de keuze van de huisbaas, satijnbloem, een weinig inspirerende bodembedekker met paarse en witte margriet-achtige bloemen. Satijnbloemen groeiden op de midden-bermen in Santa Cruz. Ze leken veel te gewoon voor het soort tuin dat ik in gedachten had.

De zijtuin was slechts een lap modder, een paar verwaar-loosde rozenstruiken en een roze jasmijn. Dit zou de border met meerjarige planten worden, de plaats waar alleen de meest taaie, houtige heesters de aanval van de oceaanwind in de lente zouden overleven. Dat wist ik toen nog niet. 'We gaan tulpen planten,' zei ik resoluut tegen Scott. Ik was on-verschrokken toen. Ik was bereid alles te proberen.

De achtertuin was in geen jaren aangeraakt, maar een be-woner, misschien twintig of dertig jaar geleden, had over-dacht hoe een kleine tuin als deze eruit moest zien: blauwe-regen, de eerste onstuimige geur van de lente, een sinaasap-pel- en een citroenboom, vrijwel standaard in Californische tuinen, fuchsia's om de kolibries aan te lokken en omdat ze in heel Santa Cruz groeien en het goed doen in dit klimaat.

Ik heb toeristen gezien die de bloemen voorzichtig aanraakten, alsof het natte verf was. 'Is dit echt?' vragen ze dan. Ik hoorde een keer iemand zeggen: 'Is er hier wel *iets* echt?'

Ik had nooit gedacht dat ik ooit in een badplaats als Santa Cruz zou wonen. Als u zich ooit heeft afgevraagd of mensen die aan zee wonen dat na een tijdje normaal gaan vinden, laat ik u dan zeggen: wij niet. Wakker worden met het geblaf van de zeehonden onder de gemeentelijke kade, iedere ochtend de vissige, zilte lucht inademen – daar gaat niks boven. De Grote Oceaan is geen enkele dag hetzelfde. Soms is hij wild en dramatisch, zelfs in de baai waar ik woon. De golven rijzen op, beuken tegen het zand en werpen schuim alle richtingen in. Op andere dagen is de zee vlak en kalm en bijna warm genoeg om te zwemmen, een studie in blauw: het vlakke glas van de oceaan, het heldere blauw van de lucht, de verbleekte blauwe verf van de strandwachthuisjes.

Ik wandelde een keer op het strand met mijn tante uit Texas. We hadden het over het werk, dat ons allebei stress bezorgde. 'Zie je,' verklaarde ik, 'ik kom hier aan het eind van de dag. Hoe slecht het ook gaat, ik weet altijd dat *dit* op me wacht. Het lijkt al het andere onbelangrijk te maken.' Op sommige avonden zie ik een vlucht pelikanen ansjovis opduiken en soms legt een laagtij schelpen en zeewier aan mijn voeten. Ik kom thuis met mijn zakken vol schatten en die liggen uitgestald op de voorgalerij: het verdroogde zeewier, de schelpen in een pot. Er ligt altijd zand in de gang, dat is niet buiten te houden. Het maakt de trap aan de voorkant stoffig en kruipt naar binnen als broodkruimels.

We wonen te midden van de toeristenattracties, slechts één blok van de zee, pal tegenover de Santa Cruz Beach Boardwalk, een ouderwets amusementspark aan zee. Ons uitzicht op de oceaan wordt omlijst door het houten traliewerk van de achtbaan. Daardoor staat ons huis altijd op ansichtkaarten. Hoeveel mensen kunnen dat zeggen? Ik begon deze ansichtkaarten te verzamelen toen we erin trokken. Ik nam ze mee en liet ze zien aan iedereen die wilde. 'Kijk!' zei ik, wijzend met de punt van een pen. 'Zie je, vlak achter de achtbaan? Op de heuvel? Daar wonen *wij*! We kunnen in onze huiskamer mensen in de achtbaan horen schreeuwen!' Meestal is ons huis op de kaarten een bruin vlekje, maar ik vond een kalender waarop het duidelijk op de achtergrond was te zien, achter het strand en de Boardwalk: een lichtbruine Californische bungalow, hoog boven de straat, het zonlicht glinsterend op de drie grote ramen aan de voorkant. Je kunt bijna de rode geraniums aan de voorkant zien. Bijna.

Scott en ik vonden dit huis samen, na in Californië twee jaar apart te hebben gewoond. We waren op de slechtst mogelijke tijd gekomen, toen er weinig werk was en ambtenaren werden betaald met cadeaubonnen in plaats van geld. We konden geen werk in dezelfde stad vinden, dus hij verhuisde naar Eureka, een kustplaatsje iets ten zuiden van de grens met Oregon, en ik vestigde me in Santa Cruz. Het viel niet mee om gescheiden te leven. Hoewel we nog niet getrouwd waren, waren we aan het samenwonen gewend toen we studeerden en we voelden elkaars afwezigheid heel sterk. We

moesten zeven uur rijden om elkaar te zien, wat ons beperkte tot om de twee maanden een lang weekeinde. Na een van
die weekeinden konden we er niet meer tegen om naar onze
lege flats terug te keren. De scheiding had te lang geduurd.
Samenleven was belangrijker geworden dan het najagen
van ieders eigen carrière. Scott nam ontslag en kwam naar
Santa Cruz en ik maakte me op om mijn kleine woning in de
bergen voor dit huis te verruilen, dat groot genoeg voor ons
tweeën was en eindelijk een plaats bood om iets te planten.
Toen Scott naar Santa Cruz kwam, bracht hij een orega-
nostekje van zijn plaatsje in Eureka mee.

Het was echter van het begin af aan *mijn* tuin. Hij was
ook maar nauwelijks groot genoeg voor één van ons, laat
staan voor twee. Ik heb gehoord over huwelijken waarin de
vrouw de moestuin doet en de man de bloemen. Of de één
het grasveld en de ander de boomgaard. Zoiets zou in ons
tuintje niet werken, dat belachelijk klein leek vergeleken
met de lappen gras die de huizen in Texas omringen. Toch
was het een goede plek om te beginnen. Het was precies
goed voor een eerste tuin.

Na het verhuizen liep ik veel in de tuin rond, nadenkend
over de inrichting. Ik kreeg er geen precies beeld van, het is
net zoiets als je degene voorstellen met wie je zult trouwen,
en het bleef vaag en veranderde voortdurend. Moest er een
patio komen? Wat kon ik onder de citroenbomen laten
groeien? Waar zou ik de moestuin aanleggen, of zou ik de
groente tussen de bloeiende planten zetten en ze in het wilde weg laten groeien?

Ik wist in ieder geval wat ik niet wilde: een tuin zoals ik me hem herinner van de gelijkvloerse woning in een buitenwijk waar we in Texas uiteindelijk na lang zoeken terechtkwamen. De meeste planten waar ik nu een hekel aan heb, stonden bij dat huis. Nandina, een saaie, fantasieloze heester met bladeren in de kleur van kakkerlakken en zuinige besjes die, toen ik zo stom was ze in mijn mond te steken, heel vies smaakten. Agaves, waarvan de succulente grijze armen me beetpakten als ik er langs liep en mijn kuiten krabden met stekels zo lang als vingernagels. En dat vervelende, oude gazon, die uitgestrektheid van augustinusgras, waar mijn grootvader en ooms tijdens familiebarbecues onkruid plukten en gehurkt en in stilte bloedgierst uit de aarde trokken, terwijl ze op het potje voetbal wachtten dat zou komen. Ik wou dat ik een zoete jeugdherinnering aan een tuin had die ik kon herscheppen. Maar er stond nu eenmaal geen enkele plant rond het huis die ik mooi kon vinden, niets dat me kon inspireren voor het beplanten van mijn eerste tuin in Santa Cruz.

Ik herinner me de tuinen in Austin, de zoete ambitieuze watervallen van bloemen en groenten. Die tuinen raakten een gevoelige snaar in me. Ze waren wild en ongetemd, maar tegelijkertijd heel gastvrij. In zulke tuinen kon je *pret* hebben. Ze zaten vol verrassingen, de papavers die zaad schoten in het slabed, het schildzaad dat uit de scheuren in het tegelpad sprong, de wingerd die in een eik klom en de hele zomer bloeide. Deze tuinen schrokken er niet voor terug anders te zijn dan de rest. Ze stroomden over de borders, botsten op hun buren en maakten amok.

Dit was het soort tuin dat ik wilde: een levendige en vrolijke plek, deels miniatuurboerderij, deels speelplaats, deels dierentuin. Een plek waar ik paarse tomaten kon kweken en regenboogstrepen van sla kon planten en de mussen de zaden uit de zonnebloemen kon laten pikken. Een plek die zou krioelen van de kevers en vlinders en het zachte, ritselende geluid van dingen die groeien. Ik had geen idee hoe ik dat moest aanpakken, maar ik kon niet wachten mijn handen vuil te maken en te beginnen.

Ik wist niet waar ik aan begon, die eerste weken, toen ik niets dan kale grond had en een hoofd vol tuinfantasieën. Hoe had dat ook gekund? Wie kan, voor hij begint te tuinieren, voorspellen dat hij ooit wakker zou liggen over een bakje zaailingen, geobsedeerd zou zijn door rottende bladeren, en wormen en insectenlarven bij een postorderbedrijf zou bestellen? Wie kon raden dat aarde en bloedmeel onderwerpen van gesprek onder het eten zouden worden of dat de menselijke drama's van liefde en geboorte en dood zich zouden afspelen tussen de lieveheersbeestjes en de bladluizen, onder de zich ontvouwende bladeren van een artisjok?

Toen ik mijn ogen over het lapje grond liet gaan, kon ik nauwelijks geloven dat ík dat kon gaan beplanten. Al spoedig zou ik in de weer zijn met zaden en een schep en een tuin aanleggen.

21

Een zonkaart maken

Als ik het over moest doen, had ik nog even gewacht voor ik mijn eerste tuin beplantte. Ik zou de patronen van het weer hebben bekeken en onthouden welke delen van de tuin het meest aan regen en zoute zeewind waren blootgesteld en ik zou een zonkaart van de achtertuin hebben gemaakt om te bepalen wat waar te planten. De hele tuin had slechts een oppervlakte van honderddertig vierkante meter en bestond uit een rechthoek van acht bij drie meter achterin, de bijna drie meter brede zijtuin en het smalle strookje aan de voorkant. Er waren maar een paar plekken waar de schaduw van het huis, het hek of de bomen van de buren niet kwamen.

Om een zonkaart te maken, gaat u 's morgens met een kluwen touw en wat paaltjes de tuin in; als u de tuin tegelijkertijd wilt bemesten, kunt u een goed zichtbaar poeder als beendermeel of kiezelaarde gebruiken. Markeer de contouren van de door de huizen, hekken en bomen geworpen schaduwen. Herhaal het proces om twaalf uur en aan het eind van de middag. U krijgt zo een kaart van de tuin waarin de zonnigste en meest schaduwrijke delen te zien zijn. Als ik dat meteen had gedaan, zou ik mijn moestuin in twee rechthoeken van gemiddelde grootte hebben verdeeld, één aan iedere kant van een citroenboom, met een border eromheen met schaduwverdragende groente zoals sla en peterselie. In plaats daarvan kon ik niet wachten en groef ik één grote, lelijke rechthoek, half in de schaduw van de bomen, en maakte ik een patio op de enige andere zonnige plek. Deze beslissing heb ik vaak betreurd, maar nooit meer veranderd.

ONKRUID

Degene die zich 's ochtends en 's avonds zorgen maakt
over de paardebloemen in het gazon, vindt veel
verlichting door van paardebloemen te houden.

L.H. BAILEY, Manual of Gardening, 1910

Mijn vader speelt gitaar. In mijn jeugd zag ik hem oefenen, hoog op een barkruk in de keuken of op de rand van de divan in de huiskamer, toonladders of een liedje spelend die hij voor een optreden moest leren. Ik heb niet veel muzikaal gevoel, dus ik wist niet precies wat mijn vader deed als hij oefende. Ik hoorde noten en melodieën die nadat ik ze weken op de achtergrond had gehoord zo vertrouwd werden, dat ik me na een tijdje niet eens meer kon herinneren waar ik ze had gehoord.

Toen ik zelf gitaar probeerde te leren spelen, besefte ik wat hij iedere dag had gedaan: hij pakte zijn gitaar, met een metronoom en een blad muziek voor hem en stond zichzelf toe fouten te maken. Niet één keer, maar steeds opnieuw en iedere dag. Als ik hem nu zie oefenen, kan ik nog steeds zijn fouten niet horen, maar ik kan ze aan zijn gezicht zien: zijn concentratie valt weg, zijn ogen zijn open en hij moppert *nee, nee... niet dat* en begint dan opnieuw, zonder te aarze-

23

len, zonder zijn handen van de gitaar af te halen. Omdat dit de enige manier is om een muziekstuk te leren, door fouten te maken.

Het kwam niet in me op dat tuinieren, net als muziek maken, oefening, geduld en de bereidheid om fouten te maken vergde. Een tuin aanleggen leek zo eenvoudig, dacht ik toen Scott en ik ons nieuwe huis inrichtten. Ik stelde me bloembedden, klimplanten, rijen maïs en erwten voor. Dat kon toch niet moeilijk zijn? Ik had grond, een schep in de garage en een tuincentrum in de straat om de planten te leveren. Alle benodigde ingrediënten waren er. Wat kon er misgaan?

Ik kon me onze weekeinden helemaal voorstellen: Scott, die zijn zaterdag besteedt aan het opbouwen van zijn zaak als handelaar in zeldzame boeken, zit achter zijn computer boeken uit zijn verzameling te catalogiseren. Ik werk in de tuin, hanteer schoppen en harken en oogst armenvol zelfgekweekte bloemen en groente. Af en toe loop ik langs het raam en tik tegen het glas om Scotts aandacht te trekken. Hij kijkt op, glimlacht en we zwaaien naar elkaar en gaan weer aan ons werk. Dat was niet moeilijk voor te stellen. Het leek zelfs alsof we ons hele leven al zo leefden, alsof ik altijd al een tuinierster was geweest. Toen we de vrijdag na de verhuizing naar bed gingen, viel ik in slaap in de wetenschap dat het uitpakken klaar was en er een vrije zaterdag voor me lag. Ik was klaar om de tuin in te gaan en het leek me dat ik alles wist wat ik nodig had.

Die eerste zaterdagochtend begon vol drukte en lawaai. 'Wat *is* dat,' gromde Scott, terwijl hij de dekens over zijn hoofd trok.

Ik luisterde een minuut. 'Ik denk de achtbaan.'

Hij tilde zijn hoofd hoog genoeg van het kussen op om de wekker te zien. 'Het is acht uur. Wat gebeurt er buiten?'

'Misschien maken ze een testrit.' Ik lag in bed en luisterde naar de kar die over de baan omhoog ratelde en aan de andere kant naar beneden schoot. Ik kon horen dat er geen mensen in zaten; hij maakte een hol ratelend geluid terwijl hij werd uitgetest, steeds opnieuw, zonder aan het eind van de rit te stoppen om zoals normaal passagiers op te pikken. Ik begon nog maar net te beseffen dat zo dicht bij een amusementspark wonen een beetje leek op in het circus leven. Er was altijd iets aan de hand. Behalve hartje winter dreven mijn dagen op de geluiden en geuren die van de Boardwalk af kwamen: de piepende metalen hekken die vroeg in de ochtend opengingen om het personeel binnen te laten, de geur van hotdogs en suikerspinnen rond lunchtijd en laat in de avond, lang na zonsondergang, de lichten van de achtbaan die uitgingen als signaal aan de hele buurt dat het feestje voorbij was en tijd om naar bed gaan.

Ondanks de opschudding vond ik het heerlijk om in ons nieuwe huis wakker te worden. Er was altijd wel iets wat ons eraan herinnerde dat we aan zee woonden, een geluid dat de slaapkamer binnendreef. Soms als er geen lawaai van de Boardwalk kwam, werd ik wakker met het geluid van de golven die braken op het zand. Eén keer, toen we de hele nacht het raam openlieten en de bries na zonsondergang afnam, was de geur van zilte lucht voldoende om me wakker te maken.

Het was die zaterdagochtend even opgehouden met regenen, een goed voorteken voor mijn eerste dag in de tuin. Het regenseizoen begint hier eind oktober en eindigt in april. De rest van het jaar regent het bijna niet. Daar kon ik in het begin niet aan wennen. Ik was opgegroeid met donkere, dramatische Texaanse onweersbuien, het soort dat op een middag komt aanrollen en iedereen doet schuilen. Iedere buitenactiviteit in Texas heeft een regenplan, een overdekt alternatief voor als het stormt en het water met bakken uit de hemel valt. In Californië is dat niet nodig. Als het zomer is, is het goed weer, en als het winter is, regent het.

Ik had er nooit over nagedacht wat dat voor tuiniers betekende, maar daar kwam ik achter toen ik die ochtend in februari buiten kwam. Het had sinds de verhuizing bijna ieder dag geregend, genoeg om de grond te doorweken en alles in de groei te brengen. Er hing een lichte nevel in de tuin, die zich rond de rustende blauweregen, de citroenbomen en de net in knop komende camelia drapeerde. Ik werd zo geboeid door de aanblik van de tuin dat het een minuut duurde eer ik naar beneden keek, naar de grond die ik die ochtend hoopte te beplanten. Ik was verbluft over wat ik zag. Ik had *onkruid*! Niet een beetje, maar ik zag een vrijwel ononderbroken tapijt onkruid, waar een week geleden alleen nog maar kale grond was. Waar kwam dat vandaan? Wat *was* het? Ik boog me voorover om beter te kunnen kijken. Op ieder steeltje stonden drie hartvormige blaadjes, bijna als een klavertje. Nou, dacht ik gerustgesteld, klaver is niet zo erg om in je achtertuin te hebben. Ik wist zelfs niet zeker of klaver wel een onkruid was. Teelden boeren geen klaver op hun akkers? Maakten bijen er geen honing van?

Ik ging naar het tuincentrum om in de tuinboeken te kijken wat ik had: klaverzuring. 'Een zeer agressief onkruid,' volgens het *Sunset Western Garden Book*, dat ik wel moest kopen na de smalende opmerking van de man in de kwekerij. 'Hebt u in het *Garden Book* gekeken?' vroeg hij toen ik mijn onkruid beschreef. Ik keek verward om me heen naar de tuinboeken op de planken.

'Welk?' vroeg ik. Hij maakte een ongeduldig zuigend geluid met zijn tanden.

'*Het* tuinboek,' zei hij en gaf me een exemplaar van Sunsets zeshonderd bladzijden tellende naslagwerk. 'Ik zie wel dat u nog niet lang tuiniert.'

Nee, ongeveer een halfuur, wilde ik zeggen, maar hij was al weg. Ik keerde terug naar mijn nieuwe boek. 'Tuiniers in Midden- en Zuid-Californië beschouwen het als zeer lastig,' zei het boek over mijn onkruid. 'Bestrijding is moeilijk.'

Toen ik thuiskwam, was Scott wakker en stond bij de voordeur. 'Waar was je?' vroeg hij, oogknipperend tegen het daglicht.

'Naar het tuincentrum om uit te zoeken wat ik aan *dit hier* moet doen,' zei ik stuurs en wees op het onkruid dat overal ontsproot, zelfs uit de scheuren in de tegels van de galerij.

Scott had zijn bril niet op. Hij boog zich over de grond en bestudeerde het onkruid op een paar centimeter afstand. 'Het lijkt op klaver,' zei hij.

Ik rolde met mijn ogen. 'Het is geen klaver, gek,' zei ik ongeduldig. 'Het is klaverzuring.'

'Klaverzuring,' herhaalde hij, 'wat weet je daarover?'

'Het is heel lastig.'

Lastig was het juiste woord. Ik hoopte de eerste dag een beginnetje met een tuin te maken, iets waar ik aan het eind van de dag trots op kon zijn, glunderend en het vuil van mijn handen kloppend. In plaats daarvan moest ik *onkruid* uittrekken. Ik voelde me of ik opdracht had gekregen mijn kamer op te ruimen.

Ik had een flinke klus voor me liggen. Klaverzuring vormt een diepe penwortel, die eruitziet als een deegwitte worm. Om dit onkruid kwijt te raken, moet het aan de wortel uit de grond worden getrokken. Ieder stukje wortel dat in de grond achterblijft, kan opnieuw uitgroeien voor het seizoen voorbij is. Toen ik die ochtend echter met gekruiste benen tussen de klaverzuring zat en de plantjes uit de grond probeerde te trekken, besefte ik dat ik ze eigenlijk bij de vermeerdering hielp. Door ze uit de grond te rukken, scheurde ik alle piepkleine knolletjes af die op de wortel zaten en maakte ik zo het begin van de klaverzuringoogst van volgend jaar. Dit was waarschijnlijk de beste manier om ze in de lente een goede start te geven. Hoewel ik wist dat ik niks nuttigs deed, kon ik mezelf niet dwingen te stoppen ze uit te trekken. Ik moest gewoon iets volbrengen. Ik moest iets kunnen laten zien. Ik rukte ze met handenvol tegelijk uit en gooide ze op een hoop op het plaveisel. Toen ik opkeek, was alles wat ik om me heen zag, klaverzuring en nog eens klaverzuring. Dus dit is tuinieren, dacht ik ontmoedigd. Dat is niet precies wat ik in mijn hoofd had.

Aan het einde van de dag was het me slechts gelukt om minder dan de helft van het bed langs het huis schoon te maken, en zelfs toen had ik nog niet ieder plantje gehad.

Magere hoopjes klaverzuring lagen in alle hoeken van het bed en een paar wortels zaten nog koppig in de grond, met niet meer dan een afgerukte steel erboven.

Ik zag het niet zitten de komende maanden ieder weekeinde onkruid te wieden. Ergens heel diep vanbinnen wist ik dat het verstandig was de laatste paar weken van de winter de tuin voor te bereiden en pas in de lente planten neer te zetten, als de grond klaar was en ik klaar was. Maar zo lang kon ik niet wachten. Ik wilde een snelle en gemakkelijke manier om van het onkruid af te komen, zodat ik aan het eigenlijke werk toekwam: planten. Dingen laten groeien.

Ik dacht erover de klaverzuringknolletjes één voor één uit te graven. Scott probeerde het een paar dagen later en besteedde een hele middag aan het zeven van ongeveer een halve vierkante meter grond en er alle erwtvormige, vuilbruine klaverzuringknolletjes uit te halen en die op een hoop te gooien. De aarde bleef een paar dagen vers en kruimig en onkruidvrij, en vervolgens kwam de klaverzuring terug alsof er niets was gebeurd.

Misschien was het geheim ze te pakken als ze nog jong waren, voordat ze zich konden vermeerderen. Ik probeerde dit een tijdje, maar had er niet het geduld voor. Uitkijkend over de duizenden plantjes die al waren ontsproten, wist ik dat ik geen enkele kans had om dit bij te houden en ik raakte helemaal ontmoedigd. Als ik een heel klein stukje land had gehad, een meter misschien, en geen baan of iets anders wat tijd kostte, kon ik iedere dag op klaverzuringjacht gaan. Dan kon ik ieder spruitje verwijderen, misschien met een pincet en het in de vuilnisbak gooien. Dat zou ik zes maanden lang iedere dag moeten doen, zelfs in regen en kou. Waarschijnlijk zou ik dit het jaar daarna moeten herhalen en het jaar daarna. Klaverzuringknolletjes kunnen jarenlang in de grond overblijven, leerde ik na wat meer onderzoek. Ze geven het niet gemakkelijk op.

Ik geneerde me voor deze rommelige onkruidtuin. Ik voelde me een slechte huisvrouw, alsof ik mijn vuile borden in de gootsteen had laten staan. Maar wat kon ik doen als ik niet elke dag onkruid wilde wieden? Met ze leren leven? Om ze heen planten? Hopen ze in aantal te overtreffen, ze te overwoekeren met wat ik ook maar wilde planten?

Ik werd tenminste getroost door het feit dat klaverzuring overal groeide. Ik was niet de enige. Ik begon ze in de tuinen van mijn buren te zien, in de kieren in de stoep in de stad en zelfs massaal langs de snelweg aan de kust. In februari begonnen ze felgele trompetvormige bloemen te produceren. 'Ze zijn wel mooi,' zei Scott, toen hij me droevig uit het keukenraam naar mijn bloeiende onkruid zag kijken. Op een keer stopte er zelfs een jongetje voor het huis en begon ze uit de scheuren in de onderste treden te plukken. Zijn ouders volgden hem langzaam, diep in gesprek, zonder hem aandacht te schenken. Hij had er zes of zeven in zijn hand voor hij zag dat ik boven aan de trap naar hem zat te kijken. Ik was geroerd dat iemand de schoonheid zag van een onkruid dat ik al had geleerd te haten. Ik herinner me de verwondering die ik als kind voelde wanneer ik zag dat een paardebloem zaad had gezet, zodat ik een wens kon doen en de zaden kon wegblazen. Toen wist ik nog niet dat paardebloemen onkruid waren.

Dat is het leuke van kinderen, ze discrimineren niet. Misschien kon ik hieruit iets leren. Misschien was klaverzuring nog niet zo slecht. Ik denk dat andere mensen het onkruid in mijn tuin niet eens hadden gezien. Misschien zagen ze net als dit jongetje alleen maar heldergele bloemen die een beetje vreugde verspreidden op een grijze februaridag.

Toen de jongen me zag, liet hij de klaverzuring vallen, geschrokken dat hij was betrapt. Ik lachte. 'Ga je gang,' zei ik, toen zijn ouders hem inhaalden, 'pluk maar zoveel je wilt.'

'Leuk geprobeerd,' zei zijn vader grinnikend tegen me. Vervolgens, naar zijn zoon kijkend, zei hij: 'Josh, deze wil ze niet en wij ook niet. Dat zijn geen bloemen. Dat is *onkruid*.'

Onkruid kweken

Ik besteedde het eerste jaar geen aandacht aan deze tuintip, dus ik denk dat andere beginnende tuiniers hem ook niet serieus nemen. Wie kan, eenmaal door de tuinkoorts aangestoken, als de lathyrus zich om de achtergalerij verdringt, het planten ook maar een paar weken uitstellen terwijl ondertussen het onkruid opkomt? Uiteindelijk probeerde ik deze truc uit, en hij is me in de loop der jaren goed van pas gekomen. Als u een plantenbed hebt vrijgemaakt, leg er dan een dikke laag compost of mest overheen en geef het bed water alsof u net rijtjes zaden in de grond hebt gestopt. Houd het bed een week vochtig tot de spruiten beginnen te verschijnen. Dit is de volgende generatie onkruid, die anders naast de bloemplanten en groente zou zijn opgekomen. Schoffel het bed en geef opnieuw water. Na een paar dagen komt de nieuwe golf zaailingen op, maar spaarzamer dan de eerste keer. Herhaal het proces gedurende een week of twee, totdat de meeste onkruiden en wortelstelsels zijn uitgeput. Dit vergt veel geduld, maar is de moeite waard: de planten zullen vrijwel geen concurrentie van het onkruid hebben.

BUREN

*Het bezoeken van de tuinen van de buren is eveneens
een belangrijke activiteit van de oppertuinier. Dit
wordt gedaan om zicht te krijgen op orde en netheid,
alsook in de wijze en knowhow van andere tuiniers
betreffende de vormen van teelt, kweek en bebouwing.*

JANE LOUDON, Loudon's Encyclopaedia
of Gardening, 1830

Ik besefte al vroeg dat commentaar leveren op de tuin van je buren een essentieel onderdeel van het leven hier was. We zitten erg op elkaar in deze oude buurt, wat het onmogelijk maakt om niet over het hek of de heg te kijken en de wenkbrauwen op te trekken. Er stonden rozen aan de ene kant, potgeraniums aan de andere en aan de overkant van de straat lag een goed onderhouden lapje grond met rabarber. Ik leerde de mensen kennen aan de planten in hun tuin: verder in de straat woonde mevrouw trompetklimmer, een paar blokken verder meneer kersenbloesem en het aloë-stel dat pas bij het strand was komen wonen en een voortuin had geërfd die werd overheerst door een aloë ter grootte van een kleine auto.

Iedere straat in Santa Cruz is een historische mengelmoes. De huizen aan het strand staan dicht bij de haven en waren ooit de weekendhuisjes van rijke badgasten uit de Bay Area die het aandurfden over de smalle, verraderlijke weg langs de kust te rijden. De elegante Victoriaanse wijk op het klif boven ons en de stad, waar enkele van de oudste families van Santa Cruz lieten zien hoe rijk ze waren geworden met het vissen in de Monterey Bay. Verder is er het ene na het andere blok huizen zoals dat van ons: arbeidershuisjes uit de jaren twintig en dertig die als vakantiehuisje worden gebruikt zoals dat van de dokter in San Francisco, die het onze als betaling van een patiënt had aangenomen en het twintig jaar als visstek had gebruikt.

Behalve de nauwe straatjes waardoor ik op weg naar mijn werk of de supermarkt reed, had ik tot dusverre nog niet veel van mijn buurt gezien, dus op een dag besloot ik een wandelingetje te maken. Het was een mooie dag op het randje van de lente, een van de weinige zonnige dagen die we hadden gehad, maar de planten in de straat kwamen al op. Aangezien we in de winter waren verhuisd, met wolken en regen, had ik nog niet gemerkt hoe levendig Santa Cruz op een zonnige dag kon zijn. De meeste huizen waren in vrolijke kleuren geschilderd: citroengeel, muntgroen, roze en tinten blauw zo gevarieerd als de kleuren van de oceaan en de lucht.

De tuinen hadden een ontspannen sfeer, wat goed past bij een badplaats. Vergeet de gemanicuurde gazons, leken ze te zeggen. Doe niets wat op tuinarchitectuur lijkt. Het leven is kort, plant *alles* wat je kunt. In twee blokken tijd zag ik tomaten in een rozentuin, ruime velden papavers en duizendblad waar ieder ander gras zou hebben en artisjokken tegen het hek aan een zijstraatje, waar zilverachtige distelbladeren tussen de Oost-Indische kers stonden. In veel voortuinen stonden de bloeiende planten en struiken schouder aan schouder. Sommige mensen kweekten hun groente op een verhoogd bed om ten volle van de zon te profiteren. De Victorianen hadden oude, overwoekerde tuinen die werden overschaduwd door enorme sequoia's die waren blijven staan toen de huizen werden gebouwd. De tuinen waren meestal aan het oog onttrokken door hoge heggen en warwinkels van klimrozen. Ter verdediging tegen die wildernis hadden sommige huizen alleen maar een formele rotstuin, keurig ontworpen in minimalistische witte en rode steen.

Van alle planten viel klaverzuring me het meest op. Iedereen had hem. Ik had besloten ermee te leven, wat als een vooruitgang voelde. Ik werd relaxter, minder als een bezorgde ouder en meer als zo'n lieve tante die je ijsjes voor het ontbijt laat eten. Laat het onkruid maar komen, dacht ik. Er zijn belangrijkere dingen te doen. Opruimen doe ik later wel.

Niet iedereen pakte het echter zo aan. Sommige mensen hadden een vrijwel onberispelijke tuin, met maar een paar kleine klaverzuringspruitjes. Ze hanteerden kennelijk de methode om ieder plantje uit te trekken voor het zich kan voortplanten, een methode die veel tijd kost. Ik benijdde die mensen. Ik wilde een van hen zijn, maar ik wist dat dat nooit zou kunnen. Ik identificeerde me iets meer met de mensen die de plant uitrukten, maar de wortels en een deel van de stengel lieten staan. Ze wilden in ieder geval íets doen. Ze wilden vooruitgang zien, zelfs al wisten ze dat alle wortels die ze in de grond lieten vroeg of laat weer nieuwe scheuten zouden voortbrengen.

Ik kreeg advies tijdens mijn wandeling. Een paar blokken van mijn huis stond een lelijk groen, halfvrijstaand huis, geheel uit de toon vallend naast de statige Victoriaanse ernaast. Het had een klein voortuintje, ongeveer tweeënhalf bij drie meter. Het stond zo bomvol bloemen dat ik de vrouw die op haar hurken achter een bos vingerhoedskruid zat te zaaien eerst niet zag. Ze zag er waanzinnig gelukkig uit daar in haar tuin, in een oude blauwe ochtendjas en wandelschoenen. Ik begreep waarom ze zo vrolijk keek – haar tuin stond tot de rand vol, nergens een lege plek. Alles was in bloei, van de kleine sleutelbloemen aan het pad en de roze en witte cosmea tot de klimrozen aan haar voordeur toe. En geen klaverzuring te zien. Toen ik haar daarnaar vroeg, zei ze dat ze zwart landbouwplastic gebruikte om het onkruid onder de duim te houden. En veel compost, voegde ze eraan toe, wijzend naar een lege zak.

Plotseling kon ik niet wachten om naar mijn eigen tuin te gaan en met planten te beginnen. Ik had niet gedacht dat een tuin zo vroeg in het jaar al zo ver kon zijn. Ik kreeg het gevoel dat ik al achterliep. Ik noteerde ze in mijn geheugen, nieuwe woorden in mijn vocabulaire: *compost, landbouwplastic.*

Ik was een paar blokken van mijn huis toen ik bijna over een hoop gerimpelde bruine bollen op de stoep struikelde, nog bedekt met modder, en een handgeschreven kaartje erbij waarop stond: 'Crocosmia. Feloranje bloemen. Neem er een paar mee.' Ik keek om me heen om degene te vinden die ze had achtergelaten, maar er was niemand. Ik pakte er een paar en bekeek ze. Het waren ronde, afgeplatte dingen, verpakt in een draderige schil die meer op jute leek dan op iets wat in de grond groeide. Het was moeilijk om je wat voor bloem ook bij die miezerige bolletjes voor te stellen, laat staan een exemplaar dat te woest was om een bloembed te delen met de beschaafde pastelkleurige ridderspoor.

Zulke problemen had ik niet in mijn tuin, tenminste, nog niet. Ik kon met crocosmia beginnen en van daaruit verdergaan. Al het andere wat ik plantte moest maar leren met ze overweg te kunnen. Ik nam er een paar mee, liet de rest voor anderen en ging naar huis, genietend van het geritsel van de papierachtige knollen in mijn jaszak. Ik voelde me welkom. Het was beter dan de stoofschotel die we ontvingen van de buren als welkomstcadeautje toen we naast hen kwamen wonen.

Mijn buurman Charlie stond buiten onkruid uit de grond te trekken toen ik terugkwam. Hij en zijn vrouw Beverly woonden in het witgepleisterde huis rechts van ons. Een rij roze geraniums bloeiden aan de voorkant en erachter stond een bos geurende sterjasmijn. Zijn tuin zag er ordelijk uit, verzorgd. Het leek alsof iemand hem vertroetelde, serieus nam, en dat was ook zo. Charlie keek over mijn hek naar mijn stapel bruine bolletjes. 'Wat ben je aan het planten?'

Ik probeerde zelfverzekerd te klinken toen ik zei: 'Crocosmia'. Toen, voor het geval er meerdere varianten zouden zijn, voegde ik eraan toe: 'Feloranje bloemen.'

Hij knikte. 'Ja, ik ken ze. Bedoel je deze?' en hij wees op een bed jonge, sprietige blaadjes, die net boven de grond kwamen. De helft stond in zijn tuin en de andere helft in de mijne.

'Is dat crocosmia?' Ik kon het niet geloven.

'Ja. Het groeit ook op straat. Als je er meer wilt, kun je ze daar opgraven.'

Ik was al begonnen de satijnbloemen uit te trekken om ruimte voor ze te maken. Ik zat bij de zooi die ik in mijn voortuin aan het maken was en voelde me enigszins belachelijk. Dat had ik moeten weten. Wie zou er ook iets, behalve de meest algemene plant, op straat leggen om mee te laten nemen? Iedereen had blijkbaar crocosmia, en daardoor kon je ze nergens kwijt, behalve aan nieuwelingen zoals ik.

Een voordeel van het wonen in een buurt waar iedereen met iedereen praatte, was dat de cyclus van het weggeven van ongewenste planten al snel kon worden voortgezet. Mevrouw trompetklimmer kwam de volgende dag langs en vroeg of ze wat van de satijnbloemen kon krijgen die ik had uitgerukt om ruimte voor de crocosmia te maken. Ik voelde me een beetje idioot en scharrelde in mijn hoop gerooide planten om iets te vinden om aan haar te geven, maar het had een soort krankzinnige logica om te proberen mijn ongewenste planten te lozen zodat ik ruimte kreeg voor de ongewenste planten van anderen. Zoiets als de troep van zolder verkopen om ruimte te maken voor de troep van andermans zolder. Ze pakte de satijnbloemen en ging naar huis. Ik zat op het trapje en keek haar na. De uitgetrokken planten in haar handen leken twee reusachtige, groteske boeketten, het soort dat het monster van Frankenstein voor zijn bruid zou uitkiezen, met bloemen die alle kanten op staken, rommelige bruine wortels die bijna tot haar knieën hingen, en modderkluiten die op de grond vielen.

Nadat ze de hoek om was, ging ik op straat staan om het effect van de gedane arbeid te aanschouwen. De klaverzuring was opgeruimd, voor dit moment althans, en waar de satijnbloemen hadden gestaan, was nu een vierkantje met bollen beplant en glad geharkt. De crocosmia kon nu ieder moment kleine groene spruitjes de grond uit duwen, de kolibries zouden rondzweven en op de feloranje bloemen wachten.

De broederlijke kunst van het stekken

Planten ruilen is een van de mooiste dingen van het wonen in een buurt met tuiniers. Je wisselt niet alleen planten uit, maar ook advies. 'Ik heb nog artisjokken over,' zei een vrouw uit onze straat en gaf me twee forse jonge planten. 'Die zijn heel leuk in een bloemstukje in de herfst.' Pas toen ik in oktober een artisjok zich zag openen tot een prachtige blauwe distel wist ik wat ze bedoelde. Mensen geven planten ook als verzekering weg: als je iedere herfst een paar irisknollen hebt weggegeven, weet je dat ze er een paar zullen teruggeven als de jouwe door ongedierte zijn aangevreten. Het probleem was dat ik nooit goed wist wat ik moest doen met de takken, ranken en knollen die me over het hek werden aangereikt.

Er blijkt een hele tak van wetenschap aan het stekken te zijn gewijd. Om het goed te doen, heb je goed materiaal, poeders en drankjes nodig, en heel veel geduld. Hier volgt een lijst ingrediënten en instructies om mee te beginnen:

Stekpoeder of -vloeistof (in ieder tuincentrum te koop)
Fungicide (schimmelbestrijder)
Scalpel of stevig mes
Alcohol en kaars om het mes te steriliseren
Zaaibak
Stekgrond, bijvoorbeeld een mengsel van aarde met wat zand
Plantensproeier

Vul een zaaibak met vochtige stekgrond.

Steriliseer het mes door het in de alcohol te dopen en snel door de kaarsvlam te halen.

Neem een stek vlak boven een bladknoop en verwijder de zijtakken en onderste bladeren met het mes. Maak dan een 'wond' aan de onderkant van de stengel door een reepje schors af te snijden. Hier zal celdeling plaatsvinden.

Dip het snijvlak van de stek en de wond in het stekpoeder en zet de stek in de zaaibak. Besproei met fungicide. Sproei verder iedere veertien dagen met fungicide en houd het stekmedium gelijkmatig vochtig.

Het wortelschieten kan enkele weken tot maanden duren.

Een andere methode, die ik probeerde toen ik weinig tijd en geduld had: ik bedank de buur voor de stek, steek hem in de grond, geef water en wacht. Sommige stekken slaan aan, andere niet. Ik hoop dat de buren niet komen informeren hoe de stek het heeft gedaan. Gelukkig is dat nog niet gebeurd.

KATTEN

*Een tuin zonder katten, zal eenieder beamen, kan
nauwelijks een tuin worden genoemd... Veel van de
magie van de heidetuin zou verdwijnen als we niet, ons
eroverheen buigend, een vaag geritsel tussen de
bloemen horen en in een paar slaperige groene ogen
kijken.*

BEVERLY NICHOLS, A Garden Open Tomorrow, 1968

Toen we in ons huis trokken, hadden we twee katten, LeRoy
en Gray-Baby. We hielden ze, nadat we uitgepakt waren, nog
bijna een week binnen. Ik had ergens gelezen dat katten zich
op de zon oriënteren en dat bepaalde sprankje licht onthouden dat thuis betekent. Ik liet de gordijnen open en liet ze
van raam tot raam gaan, zodat ze het allemaal in zich konden opnemen: de zee, de rivier, de onkruidtuin, de iets te
drukke straat aan de voorkant. Toen ze naar buiten mochten, wisten ze waar ze hoorden. Ze zwierven nooit ver weg.

LeRoy markeerde meteen zijn territorium en claimde
onze hele tuin en het grootste deel van die van Charlie. Het
was een jong, wild beest, dat we destijds van onze buurvrouw Sara hadden gekregen nadat ze het had opgegeven.
'Het is een woesteling,' zei ze toen ze hem aan ons gaf. LeRoy

was nog maar halfwas, een bruingrijs cypers katje met vier witte pootjes. Zo erg kon hij toch niet zijn?

'Jij weet niks van katten,' zeiden we tegen Sara. 'Jij bent een *honden*mens. We willen hem graag hebben.' Jaren later, toen Sara ons in Santa Cruz kwam bezoeken, liet ze zich ontvallen dat LeRoy op haar donzen dekbed had gepiest. 'Ganzendons kun je niet wassen,' zei ze nog steeds geïrriteerd.

'*Wat* deed hij?' vroeg ik geschokt. 'Dat heb je niet verteld toen je hem aan ons gaf.'

'O... nee? Ik dacht van wel,' zei ze verstrooid en kroelde LeRoy achter de oren.

Sara had gelijk gehad over LeRoy. Hij *was* een woesteling. Hij had een wild, desperaat trekje in zich dat nooit overging en dat we niet konden verklaren. De eerste nacht rende hij rondjes door het huis, van de voordeur door de keuken naar de slaapkamer, over ons bed, waarbij hij vaak de kussens als springplank naar de badkamer gebruikte, en weer naar de voordeur. Ik heb nooit een beest met zo'n tomeloze en roekeloze energie gezien. Ten slotte kwam Scott op het idee om een stukje plakband aan zijn staart te plakken voor we naar bed gingen. Hij rende achter zijn staart aan tot hij omkukelde van duizeligheid en van uitputting in slaap viel.

Toen hij groter werd begon hij onder de dekens tussen ons in te slapen, zijn kop op een kussen. Als een van ons zich omdraaide, strekte hij een poot uit en liet die lichtjes tegen ons aan liggen, alsof hij ons niet te ver weg wilde laten gaan. Het was zo'n lief en intiem gebaar dat we hem zijn wilde gedrag vergaven. Midden in de nacht kon ik hem aaien, en dan werd hij wakker en begon te spinnen, en na een ogenblik vond Scotts hand de mijne op zijn warme flank en vielen we weer in slaap, verbonden door onze excentrieke kat. Hij is een kat voor stellen, besloten we. Een versierder. Maar overdag was hij nog steeds een idiote hardnekkige vechtersbaas, die het opnam tegen honden, stinkdieren, wasberen en katten die veel groter en slimmer waren dan hij. Hij verloor altijd en kwam gewond en emotioneel gebroken thuis. Hij had een nacht nodig, opgerold tussen ons in, om weer bij te komen om opnieuw zijn vreemde, nutteloze strijd te strijden.

Hij heeft een prijs voor deze gevechten betaald. Hij heeft zichtbare oorlogsverwondingen – gescheurde oren, een geknikte staart, een geschramde neus – maar in plaats van hem stoer te maken, ondermijnt het dat beetje waardigheid dat hij nog heeft. Een keer werd hij door een stinkdier besproeid en kwam hij na middernacht thuis om stinkend in ons bed te willen kruipen.

Toen hij bij Scott in Eureka woonde, raakte hij met een hond in gevecht. Deze beet hem bijna een poot af en Scott, die blut was, moest wel tweemaal nadenken voor hij vijfhonderd dollar betaalde voor de heupoperatie zodat LeRoy kon worden opgelapt en weer klaar was voor de strijd. Scott was zo goed niet of hij trok zijn creditcard, zich verbazend over de absurditeit van de situatie. De dierenarts bewaarde het afgebroken stukje bot en gaf het aan Scott in een oranje medicijnflesje, waarmee Scott rammelde als LeRoy zich misdroeg, als om hem te waarschuwen dat hij de volgende keer minder geluk zou hebben.

Toen we de katten in Santa Cruz voor het eerst buiten lieten, stuiterde LeRoy de tuin door als een jong katje, hoewel hij al vijf was. Hij joeg vogels en vlinders na, hij stak nieuwsgierig zijn poten in een hol. Hij ving niets. Binnen een paar dagen had hij besloten dat deze tuin van hem was. Als ik naar buiten ging, deed hij verbaasd dat ik zijn wereld betrad. Hij klom in de sinaasappelboom en keek naar me door de takken, wild zwaaiend met zijn staart. Hij kwam naar me toe toen ik onkruid zat uit te trekken en zette zijn poten op mijn schouders, alsof hij wilde zeggen: hier ben ik, zocht je me?

Gray was het tegenovergestelde van LeRoy en ze liet dat weten door haar minachting te tonen. Hij was jong en roekeloos, zij oud en wijs. Hij was onhandig, zij was gracieus. Als hij om aandacht vroeg en miauwde en jammerde en het tapijt kapot krabde als we hem negeerden, zat Gray er rustig bij, als een koningin, totdat we haar alleen al opmerkten door haar waardige stilte.

Ik had haar al sinds ze een jonkie was. Ze hield me altijd gezelschap en zat op de oprit te wachten tot ik van school kwam, sliep op mijn kussen met haar kop naast de mijne en volgde me van kamer tot kamer terwijl ze me riep met haar krasserige stemmetje. Bezorgd zag ze me opgroeien, als een besnord moedertje rondjes draaiend om mijn bed voor ze erop sprong, me met haar ogen volgend als ik de volgende ochtend wegging, alsof ze niet zeker wist of het wel verstandig was me te laten gaan. Ik dacht dat ze altijd zo zou blijven en zag mezelf niet als degene die op een zeker moment voor háár zou zorgen.

Ze was zeventien toen we naar Santa Cruz verhuisden. Ik had nooit gedacht dat ze oud genoeg zou worden om van Arlington, waar ik opgroeide, mee te gaan naar Austin en Californië, waar de visachtige zeelucht en de kreten van de meeuwen haar neus deden trillen en haar oren recht overeind deden staan. Voor iemand die zijn hele leven in een achtertuin in een buitenwijk in Texas had geleefd, moet Californië het buitenland geleken hebben. Maar ze paste zich zo goed mogelijk aan. Zolang ze maar bij mij was, was ze thuis. Ze begon me op de warmste, kalmste dagen zelfs naar buiten te volgen, als ze op de achtergalerij in de zon kon zitten en me door haar halfgesloten ogen goed in de gaten kon houden.

In haar jonge jaren was Gray een geoefend jager die 's zomers bijna iedere ochtend onthoofde muizen voor de deur legde. Als ze wat jonger was geweest, had ze zich wel op de vogels in de tuin toegelegd. Deze taak viel nu LeRoy ten deel, die minder ervaring had en minder slim was. Ik wíst dat hij iets van plan was toen ik hem op een lenteochtend onder de citroenboom zag zitten, wild met zijn staart zwaaiend, zijn ogen gericht op het bladerdak boven hem. Na een paar dagen zag ik wat het was: een paartje spotlijsters dat een nest in de hogere takken bouwde. Een paar weken lang veegde ik als ik onder de douche vandaan kwam de wasem van de badkamerruiten en keek hoe ze in de tuin rond hupten, twijgjes oppikten en heen en weer naar het nest vlogen. Aldoor zat LeRoy leergierig toe te kijken.

De spotlijsters bleven dicht bij het nest, keken bezorgd naar LeRoy en vielen alle andere vogels aan die in de buurt kwamen. Ze fladderden steeds in cirkels boven onze tuin. Als ze een meeuw hoog boven het huis naar zee zagen glijden, sprongen ze het dak op en scholden hem uit.

Ik maakte me zorgen om de vogels. LeRoy leek geobsedeerd door ze; hij liep rond de citroenboom en maakte de spotlijsters zo bang dat ze gealarmeerd uit de boom fladderden. Hij ging ze echter niet achterna en ik had hem nog nooit een vogeltje zien doodmaken, dus ik hield hem niet echt serieus in de gaten en waarschuwde hem vanaf de veranda: 'LeRoy, het heeft geen zin om spotlijsters te vermoorden.'

Op een dag in maart hoorde ik de spotlijsters naar hem krijsen en zag hem nog net in de boom klimmen. Ik plukte hem tussen de takken vandaan en keek naar het nest. Het was nog geen twee meter boven grond. Ik had er zelf bij gekund.

Ik bracht LeRoy naar binnen en dumpte hem op Scotts schoot. 'Hij zat achter de vogels aan,' zei ik, 'wat moeten we doen? We kunnen hem niet binnenhouden tot de eieren zijn uitgekomen.'

'Ik weet het niet...' zei Scott, terwijl hij LeRoy afwezig aaide. Hij stond op en liep de garage uit, op zoek naar ideeën. Ik volgde hem. Na een paar minuten besloten we een hek van kippengaas rond de stam te maken.

Er leidde maar één tak naar het nest, dus we dachten dat als we LeRoy halverwege de pas afsneden, we hem bij het nest vandaan konden houden.

De vogels moeten in paniek zijn geweest toen we zo dicht bij het nest kwamen, maar binnen een kwartier hadden we de onderste takken met kippengaas bekleed. LeRoy kwam die dag niet meer bij de boom, maar we moesten hem een paar dagen in de gaten houden om zeker te weten dat hij er niet over kwam. Ik begon me als de spotlijsters te gedragen en fladderde nerveus rond met een wantrouwend oog op de kat.

Op een ochtend een paar weken later, kwam ik naar buiten en hoorde de jonge vogeltjes. Het was een krassend geluidje, als een deur met roestige scharnieren. Ik kon ze vanuit het raam niet zien, maar ik zag de ouders als gekken werken om ze te voeren, van de grond weer naar het nest vliegend en zich om beurten over ze heen buigend. Ik wist dat mijn nabijheid ze nerveus zou maken, maar ik kon de verleiding om te kijken niet weerstaan. Ik liep op mijn tenen door de tuin, ging aan de andere kant van de boom staan en probeerde door de takken te gluren. De ouders bevroren ter plekke en keken me met hun felle zwarte ogen aan, zonder van hun plek te komen.

Na een paar minuten raakten de ouders aan mijn aanwezigheid gewend en een van hen vloog naar de grond en weer naar het nest met iets in zijn snavel. Drie kleine koppies schoten te voorschijn, met de snavel wijd open. De vogel stak zijn kop in een van de snavels en alledrie de kleintjes verdwenen even snel als ze waren verschenen.

De jongen groeiden snel. Ze sjilpten vrijwel constant naar de ouder, en als spotlijsters er vermoeid uit kunnen zien, dan deden deze dat wel. Ze maakten zich geen zorgen meer over mij, LeRoy en Scott als we op onze tenen naderbij kwamen en ze van achter de boom bespiedden. Het kostte al hun energie om voor hun drie kuikens te zorgen.

Ik wist dat de vogels uitgevlogen waren toen ik op een dag het sjilpen achter in de tuin niet meer hoorde. Het nest was inderdaad leeg, maar de jongen bleven dicht bij huis. Ik zag de miniatuurversies van hun ouders op het hek rondhuppen. Ze volgden hun ouders overal en probeerden hun lied te imiteren.

Mijn hart zonk echter in mijn schoenen toen ik er maar twee zag. Ik begon de tuin af te speuren, voorzichtig rondstappend, en trok bossen onkruid en pas geplante bodembedekkers opzij. Na een paar minuten vond ik onder de citroenboom het kinderlijkje al, voor de helft opgegeten.

Ik kende een vrouw, Jean, die haar huisvogel was kwijtgeraakt. Hij was in de vakantie door de kat van een vriend opgegeten. Het duurde een tijd voordat Jean over het verlies heen was en ze kon de kat van haar vriend niet meer zien. 'Ik kon er niet tegen, mijn vogel zat in die kat. De dag erna moest hij kotsen en ik vroeg me af of dat mijn vogel was die hij uitbraakte.'

Ik wist hoe ze zich voelde. Toen LeRoy die nacht in bed kroop, was ik ervan overtuigd dat hij bloed en veren aan zijn bek had. Het duurde lang voordat ik hem kon zien zonder aan dat dode vogeltje te denken.

Daarna nestelden er geen vogels meer in onze tuin. Ik vond dat vreselijk; de citroenboom was misschien jaren een nestplaats geweest. De vogels hupten op het hek, waakzaam voor

LeRoy, en kwamen alleen vroeg in de ochtend in de tuin, voordat ik hem naar buiten liet gaan. Op den duur raakte ik gewend aan hun snelle, ruisende verdwijning als ik 's ochtends de deur opendeed, het geluid van lucht in beweging en dieren die omhoog wieken, alsof de hele tuin opsteeg.

Er leek geen eenvoudige oplossing voor het probleem van katten en vogels in één tuin. Ik bond de katten een belletje om, maar ze uitten hun protest door zich in de tuin tot bedtijd stil te houden en vervolgens in bed te kruipen en de hele nacht zachtjes te rinkelen. Ik had voedertafels op hoge, moeilijk bereikbare plaatsen opgehangen en hoopte dat de vogels daar buiten bereik van de katten zouden zijn. Ik heb me vaak afgevraagd hoe een kat als LeRoy, onhandig, ongeconcentreerd en met een belachelijke trots, slimmer kon zijn dan de snelle jonge mussen op het hek, laat staan de vechtlustige spotlijsters. Ik zag LeRoy een keer een beschaduwde hoek van de tuin in rennen met iets in zijn bek, en toen ik naar buiten stormde om hem te onderscheppen, kon ik niet geloven wat hij in zijn bek had: een helderblauwe kolibrie. Ik greep hem ruw bij zijn nekvel, zijn bek viel open en de vogel fladderde ongedeerd weg. Ik walgde van LeRoy, maar was ook wat in de kolibrie teleurgesteld. Hoe kon zo'n slim, flitsend wezentje door mijn debiele cyperse kat worden verschalkt?

Niettemin liet ik de katten in mijn tuin rondzwerven. Ze hadden al te lang op patio's en daken moeten zitten. Ik was blij dat LeRoy bomen had om in te klimmen, struiken om zich onder te verbergen, gebieden om te verkennen. Hoewel Gray niet vaak naar buiten ging, vond ze een warm, zonnig hoog plekje achter in de tuin, ver van lawaai en verkeer. Ik dacht dat als ik wat catnip zou planten, ik haar zou kunnen verleiden wat meer door de tuin te lopen.

Ik vond catnip in het tuincentrum in bakken met een inhoud van vijf liter, helemaal volgroeid om de katten in extase te brengen. Het was in de aanbieding, samen met kamilleachtige planten die kleine witte bloemen met een geel hartje hadden. 'Dompel de kamillebloemen in warm water met een paar catnipbladeren voor een kalmerende thee,' zei het handgeschreven bordje. Kamille en kalmeren? Dat klonk zo Californisch, zo holistisch, zo organisch. Ik kocht een exemplaar van iedere plant en hun vrolijke bloemen harmonieerden met elkaar in mijn winkelwagentje alsof ze al naast elkaar in de tuin stonden.

Toen ik thuiskwam, liet ik de catnip buiten op de veranda en nam een blad mee naar binnen. De katten sprongen overeind, LeRoy alert en agressief, Gray zwakjes en verbaasd. Ze volgden me door de huiskamer, luid miauwend, tot ik het blad doormidden scheurde en ze ieder een helft gaf. Gray krulde zichzelf om haar blad heen, begroef haar kop erin en maakte snuivende geluidjes die ik nog niet eerder had gehoord. LeRoy at het zijne uit mijn hand, graasde mijn huid af met zijn tanden, kwijlde in mijn handpalm en greep mijn hand met zijn poot toen ik hem terug wilde trekken. Ik had het goede spul gevonden. Ik sloot ze in huis op om de plant in de tuin te zetten.

Ik plantte de catnip in de achterste hoek, waar ik hoopte dat de katten hem een tijdje niet zouden vinden. Ik had beter moeten weten. Toen ik me omdraaide, zag ik LeRoy in het venster met zijn staart tegen het raam slaan, terwijl hij met een wild verlangen in zijn ogen naar me keek.

Ik maakte een kooi van de rol overgebleven kippengaas die we ook voor de citroenboom hadden gebruikt en zette die om de plant. Ik liet de katten wachten tot ik ook de kamille had geplant en voor ik ze naar buiten liet, plukte ik kamille- en catnipbloemen voor mijn thee.

LeRoy liep naar de plant toe en Gray wandelde achter hem aan, haar stappen zorgvuldig kiezend, totdat ze achter hem stond toen hij de meeste bladeren die door het kippengaas staken, had opgegeten. Gray blies op een lage, ongeduldige manier naar hem, alsof ze wilde zeggen, heb je dan geen respect voor de ouderdom? LeRoy ging lang genoeg opzij om haar van een paar blaadjes te laten knabbelen.

Ik weet niet wat voor effect catnip op katten heeft. Ik heb gehoord dat het paradoxaal genoeg zowel een stimulerend als een kalmerend middel, en tevens lust- en hallucinatieverhogend voor ze is. Wat het ook is, ze raken in katzwijm. LeRoy rolde door de aarde rond de plant terwijl hij een verfrommeld blad tegen zijn snoet klemde. Gray deed alsof ze plotseling verliefd op het kippengaas was geworden en wreef ertegen aan als een jonge poes. De kooi kon daar wel tegen, dus ik besloot dat ik ze wel alleen kon laten en thee kon gaan zetten. Ik bracht water aan de kook, pakte een glas en goot het kokende water over de bloemen. Het zag er schattig uit, zoals ze in het water dreven en prachtig lichtgroen werden. De perfecte tuiniersdrank, dacht ik.

Als ik al niet wist wat het effect van catnip op katten was, kwam ik er al snel achter wat het bij mensen deed. Toen

Scott een paar uur later thuiskwam, vond hij de achterdeur wijd open en ons drieën ineengerold in de huiskamer – Gray boven op mijn kussen, blazend in mijn oor, LeRoy over mijn borst uitgestrekt met zijn kop onder mijn kin, alledrie onze catnip-roes uitslapend.

De kattentuin

Catnip is niet de enige plant in de tuin waar katten van houden. Een goede kattentuin moet meer bieden dan hun favoriete drug. Er moeten plekken zijn om te spelen en je te verstoppen en dingen om op te jagen. Hier volgen de planten uit mijn tuin die favoriet bij katten zijn:

- *Kattenkruid:* licht geurend, met blauwe bloemen. De katten rollen erin rond en knabbelen op de blaadjes. (Er bestaan meerdere cultivars.)

- *Gras:* een paar plukken hoog gras zijn goed voor de kattenmaag en voor de haarballen. Ik heb een pot kattengras binnen staan voor Gray, die niet veel naar buiten gaat.

- *Rozemarijn:* deze grote en schaduwrijke plant biedt een goede plek voor LeRoy om zich te verstoppen en op warme dagen een dutje te doen. Zijn pels gaat er heerlijk van ruiken.

🌸 *Vederborstgras:* hoge siergrassen wuiven zachtjes in de wind en de beweging en het ritselende geluid maken ze onweerstaanbaar om je op te storten. Zelfs Gray deed dat eens toen ze zich goed voelde.

GROND

Je moet verstand hebben van grond, je moet je grond
laten analyseren en dan experimenteren om uit te
vinden wat de grond nodig heeft. Analyseren blijft
nodig – daar ben ik helder over: niets kan zonder.

CHARLES DUDLEY WARNER,
My Summer in a Garden, 1870

Een eerste tuin is altijd duur, door allerlei oorzaken. Vergissingen zijn kostbaar; eenjarige planten die goedkoop uit zaad zijn te kweken, zijn duur als ze kant-en-klaar in het tuincentrum worden gekocht, maar als beginnende tuinier wist ik niet beter. Ik verergerde de fout door de planten op de verkeerde plek te zetten, waar ze te weinig zon hadden of te veel water kregen en waar de grond een gebrek had waar ik nog geen benul van had. Er bestaat een Amerikaans gezegde dat als je een dollar en een tuin hebt, je negentig cent aan grond moet uitgeven en tien cent aan planten, maar dat kende ik nog niet. Ik interesseerde me niet voor grond. Ik wilde planten – grote, bloeiende, sterke planten – en wel *nu*.

Ik ging elke zaterdag in het tuincentrum op zoek. Ik was een impulskoper; ik werd beïnvloed door wat er in bloei stond als ik er was. De aanblik van al die bloemen vervulde me met een verlangen dat te nieuw en te krachtig was om te weerstaan, een verlangen iets te creëren, iets waardevols, uit een stukje grond en een paar planten. Ik zag mijn tuin als een groot, onberoerd schildersdoek en het tuincentrum was een soort schilderswinkel, met verbijsterende kleuren tubes en eindeloze mogelijkheden. Mijn tuin leek nergens mooier dan in het tuincentrum, waar ik tussen de plastic potten mijn verbeelding kon laten gaan. Ik kocht lavendel, Mexicaanse salie, rozemarijn, leeuwenbek en goudsbloem. Ik haalde kar na kar uit het centrum, ervan overtuigd dat ze me dichter bij mijn visioen zouden brengen.

Ik plantte de aanwinsten in de zijtuin waar ik ze meteen zag als ik de voordeur uit liep. Ik vulde vier wijnvaten op de veranda met eenjarigen. Ik begon achterin een soort moestuin, aan de andere kant van de citroenbomen, waar ik broccoli, boerenkool, peultjes, peterselie en koriander plantte op het lapje naast het hek met Charlie. Soms ging ik als ik zaterdag alles had geplant, zondag weer naar het tuincentrum om meer te kopen.

Ik had San Lorenzo Garden Center, het grootste van Santa Cruz, als 'mijn' tuincentrum uitgekozen, na een paar kleinere, drukkere zaken aan de andere kant van de stad te hebben bekeken, evenals een paar kwekerijen die niet aan al mijn behoeften konden voldoen, aangezien de ene in bamboe en de andere in begonia's was gespecialiseerd. San Lorenzo was de voor de hand liggende keus, waar alle tuiniers in het weekeinde naartoe gingen. Vanbuiten zag het er onweerstaanbaar uit. Grote, vriendelijke demonstratietuinen rond de parkeerplaats waren volgestouwd met bloeiende heesters en klimplanten. Bloempotten en zakken compost lagen buiten, samen met het teakhouten tuinmeubilair en de plantenrekken die er binnen niet meer in pasten.

Ik liep ieder weekeinde het centrum binnen zoals een vriendin van mij Tiffany's bezocht – hulpeloos, terwijl haar creditcard uit haar trillende vingers glipte op de toonbank met juwelen. De rijen planten en de watervallen van bloemen uit hangmandjes en rekken hadden hetzelfde effect op mij. Iemand kon de macht over zichzelf verliezen op zo'n plek en dat gebeurde regelmatig. Er bestaat geen budget als je een tuin beplant. Ik volgde mijn hart. Ik kocht *alles*.

Het centrum had zijn eigen soort sociale leven, als een soort cocktailparty. Mensen liepen pratend en lachend door elkaar en bogen zich over de planten zoals je je over schalen met hors d'oeuvres buigt. Mensen vormen groepen op basis van gemeenschappelijke interesses, ze groeperen zich rond de meerjarige kruiden, persen zich in de orchideeënkas of verzamelen zich onder een luifel om over de geraniums te praten. Als nieuwkomer duwde ik mijn kar door de gangen, van groep naar groep, luisterde conversaties af en probeerde uit te vinden waar ik bij paste.

Het eerste wat je zag als je binnenkwam was een deken van grote sixpacks, op kleur gerangschikt als een quilt. De meeste planten vooraan waren nogal ordinair: viooltjes, vlijtige-liesjes, petunia's, afrikaantjes. Ze waren verleidelijk, die kleurtjes, maar iets weerhield me. Ik keek naar de mensen eromheen, die bespraken hoe de kleur van de planten bij de zonwering stond. Kleurencoördinatie in de tuin?

Dat was niks voor mij. Ik wilde bij de doorgewinterde

biologische tuiniers, de stadsboeren horen. Niet dat ik nooit eens verlangde naar zo'n kant-en-klare tuin, die je alleen krijgt door talloze, dankzij kunstmest door hun natuurlijke grenzen brekende, bloeiende eenjarigen te kopen, en ze volgens de beplantingsschema's van de tuinbladen aan te planten. Nee, ik wilde horen bij de mensen die vuil onder hun vingernagels hadden en groente met exotische namen als *tatsoi* en *mizuna* kweekten. Deze groep hing achter in het centrum rond, waar ze deskundig langs de bakken met biologische babysla-zaailingen liepen. Dit was mijn volk. Ze neusden tussen rijen groente voor de koude grond waarbij altijd handgeschreven waarschuwingen stonden als: 'Erwten hebben in de lente goed doorlatende grond nodig.' Of: 'Bescherm peterselie in gebieden met vorst tot eind maart.' Ik had geen idee hoeveel groente ik moest planten voor een oogst in de lente of welke soorten het best bij zee groeiden, waar het half maart nog koud en winderig was. Ik nam twee of drie stuks van alles en zette ze nonchalant in mijn karretje alsof ik dit iedere zaterdag deed. Ik mag graag denken dat de andere tuiniers goedkeurend knikten, maar eerlijk gezegd merkte niemand mij en mijn verfijnde selectie van babygroente op.

Als ik naar buiten ging, moest ik langs de pallets compost, mulch, potgrond en mest. Ik vroeg me vaak af of ik het advies van die mevrouw in de straat met al die bloemen in haar tuin moest volgen en een zak compost moest kopen. Iedereen kocht het, leek het. Mensen kwamen in een continue stroom langs en laadden tienkilozakken grond op hun wagen. Ik overwoog het, keek over de zakken met koemest, veenmos en schorssnippers, maar ik wist niet wat het best voor mijn tuin was. Wie had trouwens zoveel grond nodig? Hadden ze dat thuis niet, in hun tuin? Ik besloot dat deze mensen belangrijker projecten hadden dan het mijne. Het moesten wel landschapsarchitecten of plantage-eigenaars zijn. Ik werd al moe bij de gedachte al die compost in de grond te moeten werken. Ik had vast niet zoveel grond nodig voor wat groente en bloemen.

Toch was er iets mis. De eerste paar maanden groeide er niet veel. De leeuwenbekzaailingen leken te zijn platgeslagen door de regen en wind uit de Grote Oceaan. Zelfs de grotere struiken leken geen centimeter gegroeid en ik begon te geloven dat ze zelfs krompen. Mijn tuin leek niet op het wilde paradijs van mijn fantasie, hoeveel planten ik er ook bij zette. Niets werd groot en majestueus. Niets werd overwoekerd.

Ik wist niet wat ik moest doen. Ik liep door de tuin en keek bezorgd naar mijn fragiele beschermelingen. Op een dag liep Scott met me mee.

'Wat denk je dat er aan de hand is?' vroeg hij.

Ik zuchtte. 'Ik weet niet. Zou het te koud zijn?'

'Nou...' Scott zocht naar een manier om het beleefd te zeggen. 'In andere tuinen lijkt het niet te koud te zijn.' Hij keek nadenkend de tuin in. 'Mijn moeder had ook een tuin. Ik herinner me dat we veel mest voor de moestuin kochten. Misschien kun je dat proberen.'

Arme Scott. Ik had hem de tuin uit geschopt, gezegd dat ik die voor mezelf wilde en nu moest hij toezien hoe ik hem mishandelde. Ik dacht aan al die balen compost in het tuincentrum. Zou mijn grond niet zo perfect zijn als ik dacht? In het begin leek hij prima. Hij kwam los in grote zwarte kluiten waar regenwormen uit kwamen gekropen. Niks bijzonders, net als alle andere grond. Waarom zou die niet goed zijn?

Niettemin had ik goed advies op mijn eigen boekenplank staan dat ik had kunnen opvolgen. Ik had een verweerd in leer gebonden exemplaar van *Loudon's Encyclopaedia of Gardening*, honderdzeventig jaar geleden uitgegeven, dat ik op een vlooienmarkt had gekocht. Het gaf deze raad: 'De grond van een tuin moet in een vrije, zoete en rijke staat zijn, door goed spitten, enzovoort, anders kan er weinig mee worden gedaan.' Nou, dacht ik, dat was lang geleden. De dingen zijn veranderd. Die Britten kunnen trouwens zo extreem zijn als het om tuinieren gaat. Ik bladerde gehaast door mijn Sunset-boek naar het deel over frezen en verhoogde bedden. Vervelend. Vermoeiend. Smerig. Wie heeft er wat aan?

Ik misschien. Dit principe van 'neem je tuin zoals hij is' werkt goed wat betreft het onkruid, maar het begon bij me te dagen dat mijn tuin meer nodig had dan mijn zorgeloze liefde. Hij had ook voeding nodig.

Hoe voed je een tuin? Het leek wel of ik een exotisch dier in huis had, een fret of een leguaan. Wat zou het eten? Je zet melk, hondenbrokken en kattenvoer neer. Het wendt zijn trillende neus af, beledigd. Je begint te vrezen dat het een afschuwelijke, ordinaire honger heeft die je niet kunt stillen: levende krekels of uitgebraakte wormen. Ten slotte, voor het ding onder je handen sterft, besluit je in je wanhoop een deskundige te bellen.

Die van mij kwam in de vorm van een bodemtestkit die Scott voor me kocht. Ik denk dat hij bang was dat we uiteindelijk weinig tuin zouden hebben en dat ik steeds meer zuurverdiend geld zou uitgeven aan planten die het niet deden.

Ik bekeek de kit van alle kanten. De verpakking leek heel behulpzaam en vrolijk. Zonnebloemen met een echte lach op hun gezicht en stikstof, fosfor en kalium als dansende stripfiguren. 'Heerlijke Groente & Fruit' stond er boven een kinderlijke tekening van maïs, radijs en worteltjes. Blije kamerplanten. Overvloedige bloemen. Ja, dacht ik, dat wil ik. Eindelijk zat ik op het goede spoor.

De werkwijze was het opgraven van wat tuingrond, deze met water te mengen en een poeder toe te voegen. Het kreeg dan een kleurtje: roze, oranje of blauw. Hoe donkerder de kleur, des te gezonder de grond. Eerst moest ik een goed grondmonster nemen. Ik zocht een tamelijk ongestoord stuk tuin uit, groef een stukje tot ik op onberoerde grond zat, waar niet in was geplant. Dit, zei de gebruiksaanwijzing, stelde een soort basislijn. Ik mengde de grond met gedestilleerd water en liet het mengsel een nacht staan tot de grond was bezonken en het water vrijwel helder was.

Scott kwam de keuken in om de resultaten te zien. Ik goot het mengsel in de drie plastic bakjes – voor stikstof, fosfor en kalium –, voegde een capsule poeder toe die bij ieder bakje zat en wachtte op de kleurverandering. We keken nerveus naar de klok, toen weer hoopvol naar elkaar, als een paar in een advertentie voor een zwangerschapstest. De kleur hoorde binnen tien minuten te veranderen.

We wachtten. En wachtten.

Eindelijk verbrak Scott de stilte. 'Nou,' zei hij, zijn hoofd schuddend, 'het is erger dan we dachten.'

'Stil,' zei ik streng, 'het is nog niet voorbij.' Hij zat aan de andere kant van de keukentafel en we keken gespannen naar het troebele water in de bakjes, dan met opgetrokken wenkbrauwen naar elkaar, vervolgens weer naar de bakjes.

Uiteindelijk begon het water in het stikstofbakje een bleek, nauwelijks waarneembaar roze te vertonen. Ik hield het tegen het licht en vergeleek de kleur met een scheel oog met die op de kleurenkaart. Het was erger dan ik dacht. De stikstof in mijn grond was 'uitgeput' en hij had een 'gebrek' aan alles. Ik schaamde me voor dit resultaat onder Scotts ogen. Het voelde alsof ik met een slecht rapport thuiskwam.

Ik keek weer op de gebruiksaanwijzing. 'Geef uw planten goed te eten,' stond er. 'Herstel voedselgebrek door kunstmest toe te voegen. Meng compost door de grond om voldoende reserves plantenvoedsel beschikbaar te stellen, voordat u groente, bloemplanten, heesters en bomen plant.' Onder de instructies stond een tabel met de hoeveelheid kunstmest die moest worden toegevoegd om de grond voor ieder voedingstype van 'uitgeput' tot 'voldoende of overschot' te krijgen. Aangezien alle stoffen van de tabel in mijn grond uitgeput leken, besloot ik een beetje van alles aan mijn tuin te geven.

Ik ging weer naar het tuincentrum en keek rond in de mestafdeling tot ik een kliekje serieuze tuiniers zag en besloot hetzelfde te kopen als zij. Hun keus was ietwat gruwelijk voor een doorgewinterde vegetariër als ik: gedroogd bloed. Beendermeel. Visemulsie. Wat is dat, een vis emulgeren? Ik wilde het niet weten. Ik herinner me iets dat mijn tante ooit zei over de leerlooierij waar ze werkte: 'Het mooie is dat ze ieder deel van het dier gebruiken. Niets wordt verspild. Zelfs de ingewanden en het bloed worden als tuinmest gebruikt.' Daar zit iets in. Als de dieren dan toch dood moeten, kun je maar beter niets verspillen. Ik was echter verward toen ik tussen de oude hippies en amateur-boeren stond, met hun Birckenstocks en hun 'Tofu is lekker'-T-shirts. Deze mensen leken me allemaal vegetariër. Hadden ze geen bezwaar tegen beendermeel? Hoe praatten ze dat goed? Ze meden allemaal de glimmende pakjes kunstmest, het enige vleesloze alternatief. Ik snapte er niks van. Ik voelde me een beetje verraden door mijn stam.

Eindelijk zag ik een grote, vriendelijk uitziende doos Biologische Tuinmest, die onschadelijk, maar biologisch klinkend spul bevatte: vleermuisguano, regenwormfeces, gedroogd zeewier. Ik wist niet zeker of er voor de bereiding ervan geen dieren kwaad was gedaan, maar het leek beter dan de onprettige flessen met visafval die de enige andere keus waren. Toen ik ging afrekenen, bestelde ik nonchalant een zak compost, alsof ik dat ieder weekeinde deed. Ik gebaarde naar de vrouw die zakken compost in haar karretje laadde.

'De Biologische Bodemversterkende Compost?' vroeg de caissière vrolijk.

'Ja. Twee zakken.' Ik draaide mijn kar rond en wachtte in de rij mensen die zakken grond inlaadden. Het leek niet meer zo'n klus, de gedachte aan het de grond in werken van al die gedroogde biologische mest en al die vruchtbare compost. Het leek een goed begin, iets wat ik meteen had moeten doen. Terwijl ik op mijn compost wachtte, bedacht ik dat een tuin een zeer vergevingsgezinde natuur moest zijn. Je mag dingen weer oplappen als je kunt. Je krijgt een tweede kans. Gelukkig maar, want ik zou nog veel tweede kansen nodig hebben voor alles voorbij was.

Ik ging naar de pallets en iemand van het personeel laadde twee zakken compost op de passagiersstoel. Ik reed langzaam naar huis, voorzichtig om de zakken niet om te laten kiepen, en onderweg verspreidde de goede, schone geur van aarde mijn wagen. Ik ademde op weg naar huis diep in en het rook goed en vertrouwd en geruststellend, zoals de geur van versgebakken brood, zoals de geur van de tuin zelf.

Krantencompost

Ik leerde, iets te laat, dat er een gemakkelijke manier is om de bodem te verbeteren en tegelijk onkruid te onderdrukken. Ik had die techniek meteen kunnen toepassen, maar nu compenseer ik er iedere herfst in een deel van de tuin een stukje verspilde tijd mee.

De truc wordt gedaan met krantencompost. Dat gaat als volgt:

Wied het onkruid tot op een acceptabel niveau en bestrooi het met een goede stikstofbron, zoals luzerne of kippenmest. Er is maar een dunne laag nodig om het composteren te bevorderen. Als u zo slim bent geweest de pH van de grond te meten en denkt dat die moet worden bijgesteld, kunt u nu kalk toevoegen om hem te verhogen en sulfaat om hem te verlagen.

Spreid een dikke laag kranten, ongeveer acht vellen, over het gebied uit. U kunt ook karton gebruiken. Bedek ze met een acht centimeter dikke laag mest, keukenafval, bladeren, koffiedik, gemaaid gras, enzovoort. Als het oog ook wat wil, kunt u er nog een laag stro of bladeren overheen doen. Geef regelmatig water, zodat alle lagen doorweekt blijven.

Als u dit telkens in een klein stukje van uw tuin doet, kunt u zelfs een roterende composthoop maken, waarin u het materiaal zich een paar weken laat ophopen, het vervolgens met stro bedekt en weer een stukje opschuift. Dit is een prima methode om in korte tijd bruikbare compost te maken zonder een grote bak nodig te hebben.

Om de lagen af te dekken, kunt u nog een laag van acht kranten neerleggen en deze met een aantrekkelijke soort mulch bedekken, zoals schorssnippers of dennennaalden. Het onkruid verstikt, de kranten worden verteerd en als u dit in de herfst doet, is de grond in de lente onkruidvrij en klaar om te beplanten.

EERSTE OOGST

*Na zes weken is het hart gezwollen en heeft het zich
ontvouwd in laag na laag krinkelende bladeren, broos
als bladerdeeg en sappig als een perzik. Het is pakweg
half zo groot als een bolhoed en veel aantrekkelijker. En
de smaak – als u aandacht heeft besteed aan wat ik over
gehakte muur en kruiskruid en Zwitserse kaas heb
gezegd – die is van walnoten en ambrozijn en zelfs,
vaag, van sla.*

On growing lettuce, ETHELIND FEARON,
The Reluctant Gardener, 1952

De compost maakt heel wat uit. Met gulle hand wierp ik een
wal van mijn nieuwe Biologische Bodemversterkende
Compost rond de heesters op, en ging als Florence Nightin-
gale die de soldaten verpleegt van plant tot plant. Ze zagen
er meteen beter uit. Hoewel de planten door de hele tuin
verspreid stonden, zonder enige structuur, leek het iets minder chaotisch dankzij de gladde, donkere massa rond iedere
plant. Het maakte een ordelijke, nette, verzorgde indruk. Ik
plantte steeds meer, kocht jonge slaplanten, kleine rode ui-
tjes en blauwgroene kolen. Ze stonden in mijn gerenoveerde
grond en zagen er sterk en stevig uit en veel gelukkiger dan

wat ik hiervoor had aangeplant. Ik gaf ze water, speurde naar slakken en harkte de grond aan als LeRoy erover had gelopen.

De enige plant die geen hulp nodig leek te hebben, was de catnip, die floreerde in zijn kippenhok en zilvergrijze bladeren alle kanten op stuurde. LeRoy was meestal bezig eromheen te draaien, maar toch was de plant iedere week een beetje groter. Er was ook voldoende kattenkruid, dat over de grond kroop en waar LeRoy af en toe in lag te rollen. Gray kwam weinig buiten, maar ik merkte dat als LeRoy 's avonds binnenkwam, ze naar hem toe strompelde en opgewonden aan hem snuffelde, terwijl LeRoy haar liet begaan met een enigszins opgelaten gezichtsuitdrukking.

Het was bijna april. De dagen werden langer en het werd een vast onderdeel van de avond om nog even voor het donker wat aan de tuin te doen. Het werd een steeds leukere plek. Dankzij de compost deed mijn jonge groente het goed. De salie en de lavendel begonnen te bloeien en werden weer net zo gezond als toen ze pas uit het tuincentrum kwamen. De catnip produceerde een stengel lichtroze bloemen en een paar margrieten kregen witte bloemen. De tuin had nog een lange weg te gaan, maar er waren kleine lichtpuntjes, lente-eilandjes die me enorm opvrolijkten. Planten bloeiden, dankzij mij en mijn goede grond. We hadden iets laten groeien.

Toch brachten deze kleine overwinningen een hele reeks nieuwe verantwoordelijkheden en zorgen met zich mee. Een goede tuin vereist kundigheid en aandacht en ik vroeg me vaak af of ik dat wel aankon. Misschien gaf ik niet genoeg water. Misschien moest ik meer bemesten. Soms werd ik 's nachts wakker in de overtuiging dat er insecten rond mijn huis cirkelden als vijandelijke eskaders, klaar voor de aanval.

Op een dag kwam ik op het idee een paar bloemen af te snijden en binnen te zetten. Dat maakte me een beetje nerveus: als de planten hierop maar niet slecht reageerden. Zouden ze niet in een shocktoestand raken en stoppen met bloeien? Ik wist ook niet zeker *hoe* ik ze moest snijden. Onder een hoek? Helemaal onderaan, of op iedere gewenste lengte?

De kunst van het bloemen plukken *bestaat*. De tuinboeken die zich op mijn boekenplank opstapelden, gaven instructies over het snijden van bloemen en het behandelen van de stengels, waar ik me eerst niks van aantrok. Je zou zeggen dat ik van mijn experiment met compost zou hebben geleerd dat het advies van de tuinboeken meestal de moeite waard was om op te volgen, maar het leek zo'n gedoe voor een paar bloemen.

Er waren bijvoorbeeld allerlei regels over de plaats van het aansnijden. Anjers bijvoorbeeld boven een knoop. Calla lelies worden bij voorkeur bij de wortel afgeplukt en daarna op de juiste lengte afgesneden. Houtachtige stengels zoals die van seringen moeten onder een hoek van vijfenveertig graden worden afgesneden, waarna het eind met een hamer moet worden gekneusd, zodat ze water kunnen opnemen. Holle stengels zoals van papavers moeten met een vlam worden dichtgeschroeid om te voorkomen dat het witte melksap wegvloeit. Binnen moeten de bloemen overnachten op een koele, donkere plek zoals een kelder om ze af te harden, waardoor je ze gemakkelijker kunt schikken.

Was bloemen plukken altijd zo ingewikkeld? Ik dacht toch niet. Ik herinner me het bloemen plukken bij het meer waar mijn grootouders woonden. Ik trok enorme groezelige handenvol bloemen uit de grond en liep de trap op naar de veranda van mijn oma, waar ze een oude pot opdiepte en voorstelde dat we ze op de veranda lieten staan, zodat iedereen ze kon bewonderen. Ze waren altijd de volgende dag verwelkt, maar ik gaf de schuld aan de warmte van Texas, niet aan mijn plukkunst.

Ik maakte me dus niet druk over de vreemde technieken in de tuinboeken. Wat twintig jaar geleden werkte zou nu ook wel werken, dacht ik, terwijl ik naar buiten stapte met een olijvenpot en begon te plukken. Ik had zelfs geen schaar meegenomen. Als ik een bloem zag die ik wilde en waarvan ik dacht dat de plant die wel kon missen, trok, boog en draaide ik tot de bloem eraf kwam. Ik ging hiermee door tot ik een pot vol had, alles door elkaar in een vloekende janboel van blauw, vuurrood, assertief geel en licht doorschijnend roze.

De bloemen bleven een paar dagen staan, net zolang als die op de veranda van mijn oma. Maar al gauw vonden bloemen geregeld hun weg in huis en uiteindelijk besteedde ik meer aandacht aan het advies van de tuinboeken. Waarom zou je tenslotte al dat werk doen om bloemen te krijgen, alleen maar om ze op de keukentafel te laten verwelken?

Bovendien wilde ik mijn nieuwe planten niet beschadigen, net nu ze me begonnen te vergeven dat ik ze in mijn klei had gepoot. Ik kocht wat spullen zodat ik het goed kon doen: een scherpe schaar, zodat de wond snel zou helen, metalen verzamelemmers om de bloemen vers te houden en spijkerbedden om de stengels op de bodem van de vaas te houden. Ik leerde de stengels onder een hoek af te snijden zodat ze beter water opnamen. Ik stripte alle bladeren af die anders onder water zouden komen. Ik voegde zelfs een keer citroenlimonade toe, waardoor ze langer vers zouden blijven, doordat de suiker voeding geeft en het citroenzuur ze meer water doet opnemen. Maar dit ging me wat te ver. Ik voelde me een beetje belachelijk, limonade aan mijn planten geven. Wat zouden ze nog meer willen? Een shot Canadian Club?

Eindelijk begon ik me een echte tuinier te voelen. De visioenen van tuinieren in de weekeinden en volle emmers vers gesneden bloemen binnenhalen werden eindelijk bewaarheid. Ik had echter nog niet één maaltijd uit de tuin gehaald, geen erwtje, geen ui, nog geen blaadje sla. Na al het werk dat ik erin had gestopt, wist ik dat ik me meer tuinier zou voelen als ik iets voor op tafel had geoogst.

Het gebeurde op een avond toen we het eten klaarmaakten. Ik raspte kaas voor Scotts beroemde zelfgemaakte macaronischotel en hij rommelde in de ijskast. 'Wat zoek je?' vroeg ik.

'Ik dacht dat we sla hadden gekocht,' zei hij, 'maar ik zie het niet.'

'Dat was een week geleden,' vertelde ik hem. 'Hij werd slijmerig en ik heb hem weggegooid.'

'O. Wil je dan wat van je sla uit de tuin plukken?'

Mijn sla. Het was te onbenullig om kwaad over te worden, denk ik. Sla kweken is een hele toer en de resultaten zijn vluchtig. Na drie maanden tuinieren had ik nog maar een kort rijtje; een stuk of tien planten, nauwelijks genoeg voor twee salades. Ik had er geen zin in ze met de schaar te lijf te gaan. Ik had zo hard gewerkt om ze op te kweken. Het waren kleine kunstwerken, deze minikropjes. Het was zonde om er ook maar één blaadje af te knippen.

Maar ik deed het en op weg naar binnen vond ik nog een paar ingrediënten voor de salade: een jonge rode ui, een paar peterselieblaadjes en zelfs een stoer uitziende citroen uit de boom. We hadden geen groente uit de winkel meer, dus verder was er niks om in de salade te doen, maar dit was genoeg. Terwijl Scott zijn macaronischotel maakte, klopte ik olijfolie, balsamicoazijn, citroensap, gehakte peterselie, groene uien en die ene rode ui door elkaar en goot dit over de sla. Hoewel het nog niet echt warm genoeg was om buiten te eten, namen we ons bord mee naar buiten en gingen op de verandatrap zitten, waar we onze salade in waarderende stilte opaten. Het was een klein wonder, de eerste sla uit de tuin, en hij was voortreffelijk: knapperig, wild en groen.

Onkruidsalade

Groene Californische babysalade is een kunstwerk. Het bevat weinig ingrediënten, want het gaat om de sla, niet om de tomaten en de komkommer. Hier in Noord-Californië willen we onze salades eenvoudig en ongewoon. Bloemen, bessen en zelfs onkruid zijn populaire ingrediënten, zolang ze maar biologisch zijn en overgoten met balsamicoazijn.

Paardebloemen en mosterdkruid groeiden in mijn slabedden vanzelf, dus algauw leerde ik ze in mijn salades te waarderen in plaats van ze te bestrijden. Ik introduceerde zelfs een nieuw onkruid: een gekweekte posteleinsoort, een laaggroeiende succulent met dikke, knapperige bladeren.

Scott noemt ze mijn 'sla-onkruiden'. Is je vijanden opeten niet de beste wraak? Hier volgt mijn recept voor een verwelkte paardebloemensalade, perfect voor de lente of begin zomer, als de paardebloemen woekeren.

een halve kop gehakte walnoten
3-4 eetlepels olijfolie
2-3 eetlepels balsamicoazijn
een teentje knoflook, fijngehakt
een bloedsinaasappel of -grapefruit, geschild en in partjes
paardebloembladeren voor twee salades

Rooster de walnootstukjes onder de grill lichtbruin. Verhit de olijfolie op matig vuur in een wok, voeg de knoflook toe en laat hem sudderen tot hij doorschijnend is. Voeg de azijn toe en laat deze 2-3 minuten inkoken.

Haal de wok van het vuur en voeg in één keer de paardebloembladeren toe en roer ze er snel doorheen. Verhit ze tot ze heldergroen zijn. Doe de bladeren op een schaal, strooi het fruit en de walnootstukjes eroverheen en dien dit meteen op.

ZADEN

Mijn tuin is een eerlijke plek. Geen boom of struik kan
zijn verleden verbergen, na twee of drie maanden
vertelt hij precies wat voor behandeling hij heeft gehad.
De zaaier kan een fout maken en zijn erwten in een
kromme rij zaaien: de erwten maken geen fout, maar
komen op en verraden hem.

RALPH WALDO EMERSON, Journal, 8 mei 1843

Het duurde een tijdje voordat ik eraan toe was iets uit zaad
te kweken. Ik verbaasde me over de andere tuiniers bij San
Lorenzo die met een zucht de groentezaailingen bekeken.
'Als je variatie wilt, moet je het echt zelf doen hè?' zeiden ze
tegen me bij de broccoli en de kool.

'Ja...' antwoordde ik neutraal en dacht 'wat voor variatie?
Is een ui niet een ui?'

Natuurlijk niet. Toen ik de rekken met zaden in het tuincentrum begon te bekijken, besefte ik dat er tientallen uien-
rassen waren, tweemaal zoveel basilicumvarianten en een
schitterende reeks tomaten in geel, paars, oranje en rood.
Dit was een nieuwe wereld voor mij, die zaadpakjes en de
exotische rassen die ze bevatten. Ik kocht zaad van een enorme Italiaanse vlakbladige peterselie die 'Catalogno' heette

en oranje Mexicaanse zonnebloemen. Ik begon me een expert te voelen.

Al gauw kwam ik erachter dat de interessantste zaden niet uit het tuincentrum komen. Als het gerucht zich verspreidt dat je een tuin hebt, komen de zaden naar je toe. Mensen verzamelen ze op de raarste plaatsen en bewaren ze. Toen ik zover was dat ik wat wilde zaaien, had ik al een kleine verzameling, gekregen van familie en vrienden. Het was een verrassend internationaal sortiment. Mijn vriendin Penny ging naar familie in Engeland en bracht een handvol enorme paarse peulen mee. 'Ik weet niet hoe ze heten,' zei ze. 'Je ziet ze veel bij ons. Ze klimmen tegen alles omhoog.' Mijn ouders kochten groentezaden op hun reisje naar Parijs: sla, erwten, radijs. Ik bewaarde de zakjes in een schoenendoos en speurde er af en toe doorheen, de plaatjes aan de voorkant bekijkend, en probeerde de Franse instructies op de achterkant te vertalen.

Er werden zelfs zaden voor me gestolen. Een vriendin van me wandelde door een fraaie tuin in Brits-Columbia, pulkte zaadpeulen in haar jaszak leeg en stuurde ze me op met een mengsel van droge bloemblaadjes en draadjes uit haar zak. Mijn oom verzamelde zaden van planten in een wildreservaat aan de kust en gaf me een zak vol mee.

De beste zaden kwamen van mijn negentig jaar oude overgrootmoeder Mammy, die ze vanuit Texas naar me verstuurde. Ik kreeg weleens onverwachte cadeautjes van Mammy, maar ik was er niet op voorbereid op een dag thuis te komen en een doos op de veranda te vinden met een kleine, rijpe tomaat erin en een briefje, getypt op haar oude typemachine, met een paar ontbrekende letters en drie puntjes als voornaamste leesteken.

> d1t tomaatje i$ 1n holland gekweekt. 1k denk 1n een ka$. het waren er ze$... 3 dollar 39 cent. ze z1jn niet heel lekker... vr1j zacht en een beetje mel1g. ze hadden aan de plant moeten r1jpen... denk dat ze lekker z1jn al$ ze ter plaat$e worden gegeten... kn1jp het zaad u1t op een krant en k1jk of je ze kunt kweken.

Ik belde haar de volgende dag op om de rest van het verhaal uit te vinden. Ze had een maand geleden een zak ervan bij haar groenteboer gekocht, vertelde ze, waar ze boven het gangpad hingen in plastic zakken met 'Gekweekt in Holland' erop. In iedere zak zaten vijf of zes tomaten aan een tak (die had ze er ook bij gedaan). Ze had ze gekocht en voor haar ontbijt in plakjes op toast gegeten, maar de smaak viel zo tegen, dat de laatste een paar weken bleef liggen en zijn kleur en textuur behield of hij van plastic was.

'Vorige week,' vertelde ze me, 'had ik je moeder aan de telefoon en zag die tomaat in zijn eentje. Zijn broertjes waren allemaal opgegeten, dus ik zei, die stuur ik naar Amy!'

Ja. Zo doet Mammy dat. Liever een tomaat door het halve land sturen dan hem weg te gooien. Als ik een tomaat van Mammy krijg, is het meer dan een tomaat – het is een instructie over hoe te leven. Het is haar manier van communiceren: wees zuinig en praktisch, maar ook creatief. Neem het kleinste zaad van het gewoonste fruit en maak er iets van. Ze moedigt deze kwaliteiten in me aan, en dat is haar speciale gave als overgrootmoeder. Wat kon ik doen? Ik sneed de Hollandse tomaat doormidden, kneep de zaden eruit, die ieder in een roze geleibolletje zaten. Ik pakte een envelop, schreef er 'Mammy's Hollandse Tomaten' op en beloofde plechtig ze te zaaien en haar de volgende zomer de eerste tomaten op te sturen.

Ik had nog andere zaden: zaden die ik in het tuincentrum had gekocht, zaden die ik bij de supermarkt had gekocht voor vijf eurocent per pakje omdat de houdbaarheidsdatum was gepasseerd en een pak groentezaden dat ik uit een catalogus had besteld. Ik verbaasde me erover hoe verschillend ze waren. Kamillezaad was stoffijn, zo klein dat ik het niet zaaide, maar over de grond strooide. Lavendelzaad was ook klein, met precies de grootte en de kleur van vlooien. Aan het andere eind van het spectrum stonden Penny's enorme Engelse bonen en paarse lablab die ik uit een catalogus had besteld en bijna niet kon planten omdat ik de ronde, bruinzwarte zaden met een witte streep zo mooi vond.

Ik raakte er nooit aan gewend een pak zaad te openen en er voedsel in te vinden. Natuurlijk moet je zonnepitten zaaien om zonnebloemen te krijgen, maar pas toen ik een zakje 'Mammoth Greystripe' openmaakte en een handvol grijswit gestreepte zaden in mijn hand schudde, dacht ik, hé die kun je eten, moet ik *dat* in de grond stoppen? Hetzelfde gold voor erwtenzaden, die natuurlijk niets anders waren dan gedroogde erwten, net als bonen en maïs. Ik voelde me als een pioniersvrouw die de oogst van de zomer had geplukt en opgeslagen voor de winter en van alles een beetje bewaarde om de volgende lente te planten. Behalve dan dat ik dat niet deed. Ik bestelde mijn zaden uit een catalogus van een bedrijf in Connecticut. Ik betaalde ze met mijn creditcard.

Half april koos ik een zonnige dag om te zaaien. Ik was een beetje bang dat ik te lang had gewacht met het planten van vroege groente, zoals spinazie, en peulvruchten. Bij sommige zaden, vooral de tomaten, zat de instructie om ze zes tot acht weken voor de laatste vorst binnen te zaaien en ze vervolgens buiten uit te planten. Alleen hebben we geen vorst in Santa Cruz en binnen had ik geen plek.

Ik probeerde me daar niet druk over te maken. Ik had een stuk of dertig pakjes zaad en had een groentebed gegraven. De sla was volgroeid, de kruiden deden het nog. Ik had de meeste uien opgegeten voor ze te groot werden. Ik besloot de zaden in de grond te stoppen naast de eerder geplante groente. Wat opkwam, kwam op. Wat niet opkwam, niet. Het zij zo.

Het duurde verrassend lang om alles te zaaien. Ik had etiketten verzameld van de planten die ik in het tuincentrum had gekocht, zodat ik de achterkanten kon gebruiken om de rijen te markeren. Ik schreef de naam van de plant op het etiket, las de instructies op het pakje en probeerde erachter te komen hoe diep ik de zaden moest stoppen en hoe ver uit elkaar. Hoe groter het zaad, hoe dieper het moet. De kleinste zaadjes moeten over de grond worden gestrooid en net genoeg worden bewaterd om ze iets verder de grond in te krijgen

Het afstandsprobleem was lastiger. Ik wist dat hoe zorgvuldig ik ze ook plantte, ze later moesten worden uitgedund om elkaar de ruimte te geven. Ik had zelfs juist mijn vriendin Annette uit Albuquerque daar een lesje over gelezen. Ik had haar een blik wildeplantenzaden voor haar nieuwe tuin gestuurd en ze belde om advies. 'Op het blik staat dat ik ze moet uitdunnen,' zei ze bezorgd. 'Betekent dat dat ik ze eruit moet trekken? Al mijn kleine zaailingen waar ik zo hard aan gewerkt heb? *Vermoorden*?'

'Ja,' zei ik en probeerde streng en autoritair te klinken. 'Het is voor hun eigen bestwil. Als je ze niet uitdunt, hebben ze geen ruimte om te groeien en gaan ze dood. Dus doe wat je te doen staat.' Zoals Annie Dillard zei, ben je een vrouw of een muis?

Om eerlijk te zijn voelde ik me een muis, daar met mijn zaadpakjes, blij dat Annette er niet was om te zien hoezeer ik ertegen opzag om mijn eigen advies te volgen. Misschien, dacht ik, als ik ze ruim zaai, hoef ik geen plantjes uit te dunnen. Hoe kan je ook maar één zaadje verspillen, zo'n prachtig, grappig zaadje?

Dus ik probeerde ze perfect te spatiëren, knielde in de tuin met de zon in mijn rug en de aarde warm en droog onder mijn knieën. Ik markeerde iedere rij zorgvuldig met de etiketten en maakte de grond boven de zaden glad alsof ik ze in bed onderstopte. Toen ik klaar was, ging de zon onder en zat ik op mijn hurken mijn werk te overzien. Mijn ogen dwaalden over de gladde, omgewerkte groentebedden met hun zwarte grond, de etiketjes in rechte rijen aan de rand. Al die vruchtbare grond, honderden zaden maar nauwelijks verbergend, vele uit verre streken. Het leek vol beloften.

Terwijl ik daar zo zat, werd ik getroffen door de schijnbare eenvoud van tuinieren. Zo gemakkelijk. Zo voor de hand liggend. Trek het onkruid uit, keer de grond, trek een rechte lijn en doe er zaden in. Geef water. Wacht. Binnen enkele weken komen de dikke blauwgroene kiembladen boven de grond. Een paar weken later komen een paar eigenlijke bladeren te voorschijn en enige tijd later een volgroeide peen of radijs, klaar om te worden geoogst. Wat kon er gemakkelijker zijn? Wat is het probleem?

Deze rustige plaats leek zo ver verwijderd van de tuinboeken die zich naast mijn bed opstapelden, die ieder tien manieren beschreven hoe je tomaten moest leiden en stokbonen moest opbinden. Dan waren er nog de ingewikkelde wisselschema's, de lijst planten die nuttige insecten aantrekken en de slechte afstoten en uitgebreide beschrijvingen van het gereedschap dat de tuinier nodig heeft: verschillende snoeischaren voor verschillende planten, schoffels, harken, pootstokken en schoppen. Ik doe heel veel moeite om iets heel eenvoudigs te doen, besefte ik. Ik maak me er de hele tijd druk over. Ik besteed uren bij San Lorenzo om uit te zoeken wat ik in mijn tuin wil hebben en welk product ik nodig heb om hem te verbeteren. Ik heb gereedschap en handschoenen en zelfs speciale tuinschoenen gekocht.

Maar daar gaat het eigenlijk niet om. Doe de techniek, de boeken, de tijdschriften en de bodemtestkit de deur uit en wat je aan het eind van de dag over hebt is dit: een lap vers gekeerde grond, een handvol zaden in de grond gestrooid en een etiketje om te onthouden waar ze liggen. Het is tegelijkertijd ongelooflijk dapper en eenvoudig om te doen, je zaden aan de aarde toevertrouwen en wachten tot ze uit de grond komen om je te ontmoeten. Uitkijkend over de rijen met fijne zwarte aarde leek het beplanten van een tuin me opeens het gemakkelijkste en natuurlijkste wat ik ooit had gedaan.

Zaadcatalogi

In haar boek *The House by the Sea* schrijft May Sarton: 'Wat opwindend om rozenstruiken in deze ijswereld te bestellen en de zaadcatalogi te lezen om langzaam tot een beslissing te komen!'

Zaadcatalogi bieden niet alleen de meeste variatie, ze zijn een goede afleiding in de wintermaanden of zelfs op zomeravonden als het donker is. Zonder catalogi zou ik de volgende rassen nooit hebben gevonden:

🐚 'Freckles', een slaras dat in een catalogus als 'Jackson Pollocks opvatting van romaine' wordt omschreven vanwege de donkerrode spikkels op de bladeren. Ik kweekte het naast 'Lollo Rossa', een sterk gekruld slaras met een bruin tintje aan de punt van het blad. Samen vormen ze een schitterende roodgroene salade.

🐚 Rode pronkbonen, met de enorme paarse peulen die Penny uit Engeland smokkelde. Deze bonen hebben helderrode bloemen, die kolibries aantrekken en in salades en bij geitenkaas kunnen worden gebruikt. De groene bonen zijn heerlijk als ze jong worden geplukt. Later in de zomer, als de peulen lang en dik zijn, snijd ik ze in stukken van twee centimeter, sauteer ze in een beetje olijfolie en boter en kruid ze met verse dille, zout en peper.

🌷 Gele bieten en gestreepte bieten van het ras 'Chiogga' maken van iedereen een bietenliefhebber. Gele bieten hebben een zachte smaak en laten niet overal rode vlekken op achter. De gestreepte bieten hebben een rood-wit streeppatroon als je ze aansnijdt. Scotts favoriete herfstmaal is risotto van gele bieten, waarin ook het jonge bietenloof is verwerkt, en we weten dat het lente is als we dunne plakjes biet op onze salade hebben.

🌷 'Pinwheel' heeft weer een afrikaantjesliefhebber van me gemaakt nadat ik ze jaren heb veracht als vervelende perkplanten. Deze oranjerood gestreepte afrikaantjes worden één meter twintig hoog, wanneer ik ze niet allemaal pluk en ze met zinnia's en zonnebloemen combineer, en ze trekken nuttige insecten als lieveheersbeestjes aan.

COMPOST

*Je kunt beginnen met wat bladeren te verzamelen en
voor je het weet volg je het paard van de melkboer met
een emmer en schep door de straten of praat je over
biochemie met antieke besnorde dames, kale mannen
en de gevoelige jeugd van beide geslachten, terwijl
je hun composthoop mag keren als ware het een
bijzonder voorrecht.*

ETHELIND FEARON, The Reluctant Gardener, 1952

Hoe ver ik mijn moestuin ook uitbreidde, ik liet altijd één rij
leeg: die in het midden, waar de slakken mijn eerste krop sla
tot op de grond hadden afgevreten. Ik weet niet precies
waarom; ik denk misschien dat de plek vervloekt is, dat de
rottende resten van de gesneuvelde planten al het andere dat
ik er plant, zullen ontmoedigen. Het was nog niet bij me opgekomen dat compost niets anders was dan dode plantenli-
chamen. Wie had kunnen denken dat planten floreren op de
langzaam wegterende resten van hun voorouders?

En mijn planten floreerden inderdaad, dankzij de compost die ik kocht. Al spoedig wilde ik zelf compost maken.
Het kopen in balen bij het tuincentrum werd me te duur en
daarnaast had ik bedacht dat echte tuiniers geen compost

kopen, maar het zelf maken. Een tuin dient voor zichzelf te kunnen zorgen en de fouten en excessen van het vorige seizoen worden de mulch van dit seizoen. En het leek zo gemakkelijk. Gooi het snoeisel op een hoop en wacht. Vroeg of laat vergaat het, zoals alles, en wordt het compost.

Ik had al veel onkruid en dode bladeren op een hoop achter de citroenboom gedumpt. Wanneer ik in de tuin werkte, verzamelde ik alles wat ik uit de grond had gerukt en gooide het op die hoop. Ik wist niet veel over de wetenschap van het composteren, maar ik wist één ding: hoeveel ik er ook op gooi, hij wordt nooit veel groter. Er gebeurde iets, diep daar binnen tussen die warwinkel van takken en onkruid, iets mysterieus dat geheel nieuw voor mij was.

Na een tijdje begon ik keukenafval op de hoop te gooien. Iedere keer als ik een ui pelde, het loof van een wortel sneed, de buitenste bladeren van een krop bindsla aftrok, ontstond er een hoop op de aanrecht. Ik gooide alles in een emmer op de veranda, en iedere paar dagen gooide ik deze leeg op de hoop achter de citroenboom.

Toch leek nog niets in die hoop op het donkere, kruimige spul dat ik in het tuincentrum kocht. Hij leek meer op een hoop afval die ik uit luiheid had laten liggen dan iets dat een weldenkend mens welbewust in zijn tuin wil. Ik begon erover te lezen en had algauw door dat ik een paar ernstige fouten had gemaakt met mijn eerste composthoop. Ik had hem bijna geheel opgebouwd uit onkruid waarvan de zaden en wortels gezond en levensvatbaar zouden blijven, waardoor ik met de compost tevens het onkruid door de tuin zou verspreiden. Ik had hem opgestapeld met knoestige takken en stammen die waarschijnlijk nooit zouden vergaan. Ik had allerlei soorten etensresten erbij gegooid, van kaas tot pastasaus en sladressing. Geen wonder dat het zo stonk. Een goede composthoop, vond ik later uit, moet bestaan uit afwisselende lagen groen en bruin materiaal. Geen onkruid. Geen bewerkt voedsel. Geen omvangrijke dingen. Hij moet vaak worden gekeerd om zuurstof in de hele hoop te laten komen, wat ik nooit had gedaan. Als ik deze instructie opvolgde, verzekerden de boeken me, zou mijn composthoop geen vliegen aantrekken. Hij zou niet naar vuilnis stinken. Hij zou naar bos ruiken en na een paar maanden zou hij donkere, vruchtbare compost opleveren.

Ik voelde me enigszins schuldig over de ongeorganiseerde hoop die ik in de achtertuin was begonnen. Ik werd selectiever in wat ik erop gooide en één of twee keer probeerde ik hem te keren, maar meestal maakte ik me er alleen maar zorgen over. Ik was bang er te veel aan te prutsen en de zaak er erger op te maken. Pas laat in de lente kwam ik ertoe om te onderzoeken wat er op de bodem lag.

Ik was in de tuin en liep zoals iedere avond nog wat dingen na, toen ik zag dat de composthoop kleiner en donkerder was dan ooit. Misschien werd er echt iets afgebroken in die hoop, ondanks het feit dat ik moedwillig alle regels overtrad. Ik trok handschoenen aan en gooide alle bladeren en takken en keukenafval van het bovenste tweederde van de hoop af, die ik op een nieuwe hoop naaste de oude gooide. Toen ik bij de bodem kwam, zag ik het: donkere, vergane bladeren, stukken verkruimelde schors en takken en, niet te geloven, lekkere donkere compost. Niet veel, maar ten minste een emmer of twee.

Ik schoffelde het door elkaar en vroeg me af wat ik ermee zou doen. Het zat vol stokjes en twijgen, helemaal niet zoals de compost van het tuincentrum. Ik begon de stokjes eruit te plukken, maar dat ging traag. Dat zou me de hele dag kosten. Ik had ergens gelezen dat de grotere stukken eruit moeten worden gezeefd en weer op de hoop moeten worden gegooid. Dat ging ik proberen.

Ik vond een oude hor in de garage en een kartonnen doos om de gezeefde compost op te vangen. Ik pakte handenvol compost van de bodem van de hoop en gooide ze op de hor. Het meeste gleed over de hor en bijna niets viel erdoor, maar ik bleef het proberen. Toen ik klaar was, tilde ik de hor op en keek in de doos. Ongeveer drie kopjes compost, zo fijn als poedersuiker, lagen in de doos. Nou, dacht ik, dat is wel veel werk voor een beetje compost. Ik strooide het echter door de tuin alsof het toverpoeder was, tipte wat over mijn groentezaaibed, iets over het kattenkruid, en bewaarde het laatste restje voor de sinaasappelboom, die net begon te bloeien en de hele tuin met zijn zoete geur begon te vullen.

Kennelijk moest ik compost bij het tuincentrum blijven kopen als aanvulling op de schamele opbrengst van mijn hoop. Compost was echter niet de enige bodemtoevoeging, ontdekte ik. Er was een verbazingwekkende variatie aan vruchtbaar, aardeachtig spul te koop. De weken daarna moet ik van alles wat San Lorenzo verkocht, wel iets geprobeerd hebben. Ik werd een gronddeskundige. Ik doorzocht elk weekeinde de pallets bij de parkeerplaats. Veenmos en houtsnippers leken me wel interessant. Ik kocht van elk een zak en bracht ze naar huis. Ik verbaasde me over het lichte veenmos en huiverde als ik na het verspreiden van de houtsnippers de splinters uit mijn vingers trok. Dat ontmoedigde me echter niet. Ik wilde alles proberen wat voorhanden was.

De mest intrigeerde me het meest. Ik begon met koemest, goedkope stinkende zakken vol, slechts drie dollar voor een zak met iets wat zo massief was dat ik hem niet kon optillen. Ze moesten hem in de auto laden en thuis moest Scott hem de trap op dragen, waar ik hem van de ene plek naar de andere sleepte. Ik maakte met mijn schoffel een grote snee in de zak en liet me omhullen door de geur terwijl ik de mest rond mijn planten verspreidde. Het was zo'n geurtje dat sommige mensen heerlijk vinden en andere verafschuwen, net zoals bij overrijpe kaas.

Kippenmest was lichter van kleur, pluiziger, milder en leek meer op aarde dan koemest. Duurder ook, maar ik snapte waarom – ik kon me voorstellen hoe je koemest verzamelt, maar bij kippen leek me dat veel lastiger. Ze zijn kleiner en sneller dan koeien. Het leek me moeilijk er veel van te verzamelen en trouwens, ik wist hoe vogelpoep eruitzag en deze kippenmest had een soort transformatie ondergaan.

Op een dag verscheen er een nieuw soort mest in het tuincentrum, in zakken niet groter dan die van de chips, voor de prijs van twaalf dollar en vol – ik maak geen geintje – regenwormpoep. Ik stond er naar te staren, te verbaasd om het op te pakken. 'Zwart Goud,' zei het opschrift. 'Het Beste Voor Uw Tuin.' *Regenwormpoep*? Hoe kregen ze dát voor elkaar? Ik probeerde me het verzamelen van regenwormpoep voor te stellen. Het enige wat ik kon bedenken was iets in een laboratorium, iets met veel reageerbuisjes met wormen erin, een wormenfarm misschien.

Ik was benieuwd wat ik in mijn tuin aan wormenmest kon hebben, maar ik kon me er niet toe zetten daar twaalf dollar aan uit te geven. Ik was bang dat ik het mee zou nemen en er nooit aan toe kwam het te gebruiken, zoals het dure flesje bubbelbad dat in het medicijnkastje staat te verstoffen omdat het te verfijnd is om aan een gewoon bad te verspillen. Ik kon de wormen echter niet uit mijn gedachten zetten, dus ik deed wat onderzoek. Ik kwam erachter dat regenwormpoep eigenlijk datgene is wat achterblijft terwijl de regenworm zich door de aarde werkt, waarbij hij de rottende bladeren en etensresten verteert en achterlaat. Er werden speciale kasten gebouwd om wormen in te huisvesten. Er was zelfs een naam voor: *vermicomposteren.*

Ik zag voor het eerst een wormcomposteerder op de boerderij van de lokale universiteit. Het was een zelfgemaakt ding, samengesteld uit oude planken en houten kratten. Een kastdeur diende als deksel en toen ik deze opendeed, krioelden daar honderden rode wriemelaars onder een hoop rottende sla rond. Ik tilde de bovenste bak op – de composteerder bestond uit drie gestapelde bakken – en zag er nog meer die zich een weg door de verkruimelende zwarte compost wurmden, die al bijna de kleur en consistentie van koffiedik had. Het leek zo... *agrarisch*, deze kleine wormenkudde. Zo biologisch.

Wormen hebben speciale behoeften, zei een van de leerlingen van de boerderij. Ze houden niet van regen en kou. Je moet een heleboel krantensnippers op de compost leggen om insecten erbuiten te houden. En ze eten niet zomaar alles. Hun favoriete voedsel zijn bananen- en meloenschillen en ze houden van koffiedik. Ze kunnen niet tegen vet en bewerkte voedingsstoffen. Ze eten wel sinaasappel- en uienschillen, maar bewaren die tot er niets anders meer is.

Zo, ze zijn kieskeurig, dacht ik. Het zijn kleine persoonlijkheden. Ik *wil* ze.

Een paar weken later kreeg San Lorenzo een lading wormcomposteerders en stalde ze uit. Ze waren glad, rond en zwart; ze zagen er serieus en hightech uit. Drie ronde, stapelbare bakken met gaten in de bodem en een afvoer onderin voor het water. Dat was alles. De wormen beginnen in de onderste bak, eten het afval en laten hun zwarte mest achter. Als de bak vol is, wurmen ze zich door de gaten omhoog naar de volgende bak. Als ze zich door de drie bakken hebben gewerkt, haal je de onderste bak weg, verwerk je de mest in de tuin en zet je de bak boven op de andere. Door het drainagegat onderin wordt het vocht afgevoerd, wat een vrijwel eindeloze hoeveelheid vloeibare mest oplevert.

Het leek wel een regenwormenstad, waar iedereen naar het werk ging en zijn eten at en de kinderen opvoedde. Ik moest er eentje hebben. De vrouw van het tuincentrum was in haar nopjes. 'Je zult hem enig vinden,' zei ze. 'We hebben er eentje achterin staan. Wil je hem zien?' Ze nam me mee naar de opslagruimte, waar een wormcomposteerder in de hoek stond. Ze deed de deksel open en keek erin. Honderden wormen krioelden door het koffiedik en de slabladeren.

'Proberen ze nooit te ontsnappen?' vroeg ik, me afvragend hoe ver ze op de betonnen vloer zouden komen.

Ze glimlachte lief naar ze. 'Nee, natuurlijk niet.' Vervolgens boog ze zich over hen heen zoals een kirrende tante zich over het babywiegje buigt en zei: 'Je vindt het hier *fijn* hè? Jij laat me hier niet in de steek hè?'

Iets in deze wormen roept affectie op. 'O ja, waar kan ik het beste de wormen kopen?' vroeg ik.

'In de folder van de composteerder staan leveranciers. Veel succes ermee,' zei ze en ik pakte de composteerder onder mijn arm en ging.

Ik zat op de parkeerplaats en las de brochure van de 'Can O Worms'. Ik ging niet naar huis zonder wormen. Zoals de folder uitlegde, zijn gewone regenwormen 'aardewerkers', ze eten aarde, geen compost. Alleen rode wormen zijn geschikt voor composteren, omdat ze biologisch rottend materiaal eten. De rode wriemelaars worden over de hele wereld verscheept voor educatieve doeleinden en voor 25 dollar krijg je binnen een week duizend wormen bezorgd. Ik werkte in een kantoor met een postkamer. Hoewel de gedachte aan een zending van duizend wormen op ons kantoor wel leuk was, wilde ik sneller worden bediend. Nu ik een composteerder had, kon ik geen dag meer wachten om te beginnen. Ik kocht onderweg een aantal pakken rode wormen bij een kraam met lokaas en richtte 's avonds de composteerder in.

Er zat een bruin blok van geperste kokosnootdoppen bij. Als dit in een emmer water wordt gedaan, zet het uit en vormt het een vezelige bodem voor de wormen om in te beginnen. Ik zette de composteerder in elkaar en deed de wormen erin. Ze zaten met zijn vijftigen in piepschuimen bakjes. Ze zagen er een beetje bloedarmoedig uit, alsof ze niet genoeg te eten hadden gekregen. 'Wees niet bang,' fluisterde ik ze toe terwijl ik ze in hun nieuwe onderkomen deed. 'Jullie zijn niet meer voor de vissen!' Ik deed er een handvol slabladeren en fruitafval bij en liet ze betijen.

Voor ik naar bed ging, keerde ik de inhoud van de bak om met een schepje. Ze kropen weg onder het kokos om uit het licht te komen. 'Goedenacht,' fluisterde ik ze toe.

Het duurde niet lang voordat de wormen zich vermenigvuldigden en de bak vulden, net zoals de folder had gezegd. Ze kregen het beste keukenafval en alle bananen- en meloenschillen die ze op konden. Nu mijn tuin wat groente produceerde, gaf ik ze de taaie, oude bladeren van slakroppen, oreganostengels en wortelkontjes. Ik verzamelde zelfs fruitschillen en koffiedik uit de kantine van mijn werk.

Het duurde een tijdje voordat de wormen een bak vol compost leverden, maar ze produceerden wel een gestage toevoer van vloeibare mest: een deel regenwater, een deel verrot groentesap en een deel, tja, wormensap. Dit laatste ingrediënt maakte Scott nerveus. 'Wat is dat?' vroeg hij kribbig. 'Wormenbloed? Wormenpoep? Wat?' Hij zat niet graag op de veranda. Als ik het wormensap uit de composteerder tapte, maakt hij zich vol walging uit de voeten.

Hij kon er zelfs op zijn werk niet aan ontsnappen. Op een dag belde hij me van kantoor op een vermoeide en verslagen toon en zei: 'Stephanie wil weten of je wat extra wormensap kunt gebruiken. Ik zei haar dat je genoeg hebt...' maar ik kapte z'n woorden af.

'O, geweldig! Zeg haar dat ik graag wat wil!'

Stephanie deed haar best de flessen wormensap aantrekkelijk te maken. Ze gebruikte oude wijnflessen, deed er stevig een kurk op en versierde ze zelfs met etiketten met 'Uit Stephanies Keuken' erop. Desondanks bracht Scott de flessen niet binnen. 'Ze staan buiten,' zei hij toen hij thuiskwam. 'Stephanie zei dat je het misschien eerst met water moet verdunnen. Het is een beetje' – en hier huiverde hij van afkeer – 'het is nogal *geconcentreerd*.'

Ik heb de wormen nooit afstotelijk gevonden. Ik werd zelfs gek op ze. Het waren trouwe huisdieren, productief en goedgemanierd. Ik vond het leuk naar buiten te gaan en langzaam en voorzichtig de deksel op te lichten om ze niet aan het schrikken te maken en te kijken hoe ze aan het zeven waren, zich door mijn snoei- en keukenafval werkten en alleen maar fijne, zwarte aarde achterlieten.

Wormensap en compostthee

Ik kwam erachter dat het niet voldoende was om de tuin bij te voeden met compost, mest en beendermeel. De tuin wilde ook drinken: duistere brouwsels vol voedingsstoffen, geserveerd in grote emmers.

Voor ik de wormen had, probeerde ik een recept voor compostthee dat ik op een prikbord bij San Lorenzo vond. Vul een grote emmer of zelfs een vat met regenwater. Knip de pijp van een oude pantykous af en vul hem met mest of goed verteerde compost. Knoop de kous dicht en leg hem in het water. Laat hem een paar dagen weken en giet het water over de tuin.

Na een tijdje liet ik de pantykous vallen en deed gewoon een paar handen mest in de emmer als ik wat over had. Als de fles vloeibare mest bijna leeg was, spoelde ik hem om in de emmer. Op die manier stond er altijd wel wat op de veranda te trekken.

Wormensap en compostthee zijn een uitstekende bron van sporenelementen en geven een constant niveau van de belangrijkste voedingsstoffen stikstof, fosfor en kalium. Zolang ze niet donkerder dan slappe thee zijn, zullen deze cocktails de planten niet verbranden. Wacht tot de schemering, zodat ook de zon de bladeren niet verbrandt en giet een emmervol over de hele plant, met blad en al, ter voorkoming van schimmelziekten en een maximale opname van voedingsstoffen.

SINAASAPPELS EN ROZEN

Als uw bomen onder de dopluis zitten en halfdood zijn,
loont het niet de moeite te proberen ze te redden; graaf
ze uit en verbrand ze tot en met het laatste restje. Laat
geen dag verloren gaan, maar handel terstond.

JACOB BIGGLE, Biggle Orchard Book: Fruit and Orchard
Gleanings From Bough to Basket, 1906

Op een warme aprildag kwam ik van de kruidenier en vond
Scott op de voorgalerij. Hij keek alsof hij slecht nieuws had.
Mijn hart zonk in mijn schoenen. Was het iemand uit de familie? Was het Gray? Ik durfde het niet te vragen. Ik stond
voor hem en probeerde het antwoord van zijn gezicht te lezen.

Hij was een voor mijn gevoel lange tijd stil. Uiteindelijk
sprak hij. 'De sinaasappelboom heeft teken,' zei hij met kal-
me ernst.

Ik was zo opgelucht dat ik me met mijn boodschappen-
zakken op de veranda neerzette, schuddend van het lachen,
met mijn hoofd in mijn handen.

'Wat is er zo grappig?' vroeg hij terwijl hij naast me ging
zitten.

'Ik dacht dat er iemand dood was,' zei ik, 'je keek zo serieus.'

94

'Ik ben ook serieus. We hebben teken in de boom. Je moet eens kijken. Het is walgelijk.'

'We hebben geen *teken*,' zei ik corrigerend. 'Teken zuigen geen sap uit bomen. Die zuigen alleen bloed.'

'O ja? Nou, kom dan maar eens kijken.'

Ik volgde hem naar de achtertuin, liet mijn boodschappen op de veranda achter. Ik stond onder de sinaasappelboom en keek omhoog. 'Ziet eruit als een gewone sinaasappelboom, schat. Schors, bladeren, bloemen en o! wat is dat? Sinaasappels!'

'Jij denkt dat je slim bent,' zei hij. Hij had die vermaning van mijn moeder geleerd. Ik had ze elkaar nooit moeten laten ontmoeten.

Hij trok op ooghoogte een tak omlaag. Hij draaide een blad om terwijl hij het zo min mogelijk aanraakte, alsof het iets engs was dat LeRoy had gevangen. 'Kijk,' zei hij dramatisch.

Ik keek. De achterkant van het blad was bedekt met kleine, ronde, zwarte dingen die precies op kleine teken leken.

'Ajakkes!' zei ik en deinsde terug. Ik liep rond de boom en bekeek hem van onder af. Ze zaten *overal*. 'Wat *is* dat?'

'Dat zei ik je al...' begon Scott, maar ik onderbrak hem.

'Dit zijn geen teken. Ik neem een blad mee naar het tuincentrum. Dit gaan we uitzoeken.'

Scott pakte de boodschappen uit terwijl ik naar het tuincentrum reed met een tak van de sinaasappelboom in een plastic zak. De vrouw in de het informatiehokje huiverde toen ze het zag.

'Dopluis,' zei ze, 'en bladluis en mieren natuurlijk, want die volgen de luizen omdat ze het kleverige spul dat de luizen afscheiden lekker vinden. Die boom is waarschijnlijk niet meer te redden. Maar probeer dit eens,' en ze overhandigde me een fles pesticide en een fles paraffineolie.

'Moet je dat spul echt gebruiken?' vroeg ik. 'Is er geen biologisch middel?'

Ze schudde haar hoofd. 'Die boom is al ver heen. Hij gaat toch wel dood, wat je ook doet. Gebruik dit eenmaal, en dan kun je verder biologische middelen gebruiken.'

Bij de flesjes zat een boekje met waarschuwingen bij gebruik. Zoek een windstille dag uit, zodat er geen gifwolk naar de tuin van uw buurman drijft. De bespoten gewassen zijn de eerste tijd niet geschikt voor consumptie. Gebruik de sproeier alleen voor giftige chemicaliën.

'Wat is het?' vroeg Scott toen ik thuiskwam.

'Dopluis,' zei ik grimmig.

'Dat klinkt ernstig.'

'Dat is het ook. Er moet napalm in de tuin. Houd de katten binnen.'

Ik joeg LeRoy naar binnen en sloot de achterdeur. Er stond niet veel wind. Ik moest het maar zo snel mogelijk achter de rug hebben. Ik had een papieren maskertje, veiligheidsbril, rubber handschoenen en een vispet als bescherming. Ik leek wel van de stadstuinguerrilla. Ik vulde de spuit met pesticide en richtte hem op de boom. Het was vreselijk werk. Ik moest genoeg dichtbij komen om de hele boom te raken, maar ik moest ook onder de takken vandaan springen, zodat ik niet onder de drup kwam. Ik sprong heen en weer, naar voor en naar achter en slaagde erin de hele boom te besproeien. Ik vond het vreselijk. De tuin rook de rest van de dag als een benzinestation, maar ik redde de boom. Hij begon bijna meteen opnieuw te groeien en had nooit meer zo'n ernstige luizenplaag.

Er stonden andere planten in mijn tuin die hulp nodig hadden, maar ik wilde niet nog eens al die moeite doen.

Eerst hadden ze er zo leuk uitgezien, oud en knokig, maar na het sinaasappelincident begonnen ze een soort last te worden, met hun vreemde ziekten en akelige medicijnen. De blauweregen stond op de verkeerde plaats, in een hoek met niks om in te klimmen. De camelia kreeg te veel zon, zodat de bladeren geel werden. De boerenjasmijn vooraan was saai en moest voortdurend worden gesnoeid om te voorkomen dat ze de ramen blokkeerde.

De rozenstruiken waren echter het grootste probleem. Ze waren in rust toen we er kwamen wonen en het spijt me te moeten zeggen, ik had al meteen een hekel aan ze. Ik kon niks aardigs aan die rozenstruiken vinden. De stelregel die voor politiek en worst geldt gaat ook op voor rozen: je moet niet zien hoe het gemaakt wordt. De houtige, stekelige takken en gemene dito bladeren leken op een verschrikkelijk monster dat zojuist uit de grond was gekropen en het bloembed in bezit had genomen.

En ze waren zo wispelturig en moeilijk te onderhouden! Dankzij hen had ik geleerd witte vlieg, roest en meeldauw te herkennen. Ik was bang dat ik weer naar het tuincentrum zou moeten gaan om uit te zoeken wat voor chemische oorlog ik tegen ze moest voeren. De bloemen leken die moeite niet waard. Als ik rozen wilde ging ik wel naar de bloemenwinkel. Dit was zo'n geval waarin zelfgekweekt niet per se beter was.

Mijn buurman Charlie daarentegen had een prachtige rozentuin voor zijn vrouw Beverly aangelegd. Een stuk of tien struiken, met tinten rood, roze, wit en geel. Nadat hij ze had geplant, kwam hij erachter dat zijn vrouw allergisch voor rozen was. Maar hij zorgde nog steeds voor ze, wiedde onkruid, snoeide en mestte. Iedere keer als hij me zag bood hij me rozen aan en zei: 'Ik kan ze niet binnen zetten, dan gaat ze niezen. Neem maar een bosje.'

Ik vind rozen prachtig als snijbloemen en neem de rozen van Charlie graag aan. Scott neemt soms rozen voor me mee, de Sterlings met hun wilde, scherpe lavendelgeur, of kleine oude rozen, wit met een vleugje groen aan de rand. Maar ik verwaarloosde mijn eigen rozen en in de loop der tijd werden ze lelijker, stekeliger en zieker en ontwikkelde ik een regelrechte afkeer van ze. Hoe meer ik ze verwaarloosde, des te sterker werden ze, de koppige krengen. Ze zouden beslist niet uit zichzelf verwelken. Als ik ze kwijt wilde, moest ik actie ondernemen.

Charlie zal dat toen nog niet beseft hebben, maar de liefhebbende zorg die hij aan zijn rozen wijdde, zorgde ervoor dat ik de mijne kwijtraakte. Hij had zijn rozen maanden daarvoor gesnoeid, begin januari, wat hier aan de kust traditie is, waar de temperatuur zelden onder het vriespunt zakt en je de hele winter in de tuin kunt werken. Ik sloeg hem gade met een lichte scheut van afgunst en wilde dat ik zelf het geduld en de kundigheid had om voor mijn rozen te zorgen, of de verfijnde goede smaak die nodig is om ze te waarderen. Ik lette goed op zijn techniek en hoopte daarvan op een dag gebruik te kunnen maken. Hij werkte snel en met zelfvertrouwen iedere plant af met zijn scherpe snoeischaar en liep heen en weer tussen de rozenbedden en de afvalbak met armladingen stekelige takken.

Die snoeischaar bracht me op een idee. Ik had al geprobeerd te bedenken hoe ik van mijn rozen af kon komen, maar ik had de goede methode nog niet gevonden. Overplanten? Misschien wilden ze niet weg. Vergiftigen? Kans om de verkeerde plant te raken. Nee, ik moest iets gemakkelijks, snel en afdoende. Ik had ook zo'n snoeischaar: klein, lichtgewicht, gemakkelijk te hanteren. Het perfecte wapen.

Ik denk dat de rozen wat zenuwachtig van me werden, als kinderen onder de hoede van hun boze stiefmoeder. Ze drukten zich laag tegen de grond en deden hun best niet te bloeien om geen aandacht te trekken. Ze zagen er ongelukkig en misplaatst uit tussen de planten die ik zelf had uitgekozen, de vrolijke cosmea en zonnige goudsbloem. Ik weet zeker dat ze wisten dat ze verdoemd waren zodra ik ze ontmoette. Het was alleen maar een kwestie van tijd.

Voor iedereen komt er een tijd om te gaan. Voor mijn rozen was die tijd gekomen op een mooie meimiddag, toen ze op hun ziekst, stekeligst en luizigst waren. Ik ging naar buiten met de snoeischaar achter mijn rug verborgen. Het was een soort dag waarop niemand die bij zinnen was op het idee zou komen om rozen te snoeien, precies de verkeerde tijd van het jaar. Zelfs een beginnende tuinier als ik wist beter. Ik keek om me heen om me ervan te vergewissen dat niemand van mijn buren me zag. Ik wilde geen argwaan wekken. Zonder iets te zeggen, knielde ik tussen de rozen, legde het blad van de schaar tegen de schriele groene nekjes en snoeide ze tot de grond toe af. Slechts één schone snee door de voet van de plant was genoeg om de hele stekelige massa om te laten vallen. Ik gooide ze over het hek op het pad tussen de huizen en voelde me een beetje als de bende-leider die de lichamen dumpte van degenen die te lastig werden. Ik stond bij de stompjes en waarschuwde ze dat als ze ook maar één blaadje zouden vertonen, ik terug zou ko-men.

Zo'n moordpartij heeft wel wat, bedacht ik terwijl ik naar de kale plek keek. Het voelde goed. Ze uitroeien gaf me echt bevrediging. Nu hoefde ik alleen nog maar een gangster-naam, zoals De Snoeier. Of wat dacht je van De Versnippe-raar? Ik keek naar de rozen van Charlie, onschuldig bloei-end in de lentelucht. Ik kon ze binnen een minuut neer-maaien. Charlie stond de sproei-installatie bij te stellen. Hé Charlie, wilde ik zeggen, met mijn hese godfather-stem, je kan tegenwoordig niet voorzichtig genoeg zijn met je rozen. Zou lullig zijn als er wat met ze gebeurde. Iemand in jouw positie zou toch iets ter bescherming willen regelen.

Maar zoiets zei ik niet. Soms moet je je naar je buren toe koest houden. Ik zwaaide en hij zwaaide terug en ik ging naar binnen met mijn snoeischaar verborgen in mijn broekzak, de stalen bladen voelden hard tegen mijn heup.

Charlies snoeitechniek

Ik moet toegeven dat ik in de loop der tijd een zwak voor twee rozenrassen heb gekregen: 'Sterling', de koele lavendelroos die Scott voor me koopt, en 'Just Joey', een voluptueuze zalmkleurige roos uit de tuin van mijn kapster Jill, die ze in de winkel zet. Misschien neem ik zelf nog weleens een exemplaar. Ik heb zorgvuldig aantekeningen van Charlies snoeitechniek gemaakt, voor het geval dat.

Wintersnoeien

Charlie snoeit de dag na Kerstmis, maar in koude klimaten moet dat tot het begin van de lente wachten. Let op takken die oud of beschadigd zijn. Snoei ze met een scherpe schaar aan de voet van de plant af.

Let vervolgens op opslag, takken die uit de wortels opschieten. Aangezien de meeste rozen geënt zijn, lijken die uitlopers niet op de oude plant.

Zoek de dikkere, rijpe stengels op en snoei ze terug tot waar het nieuwe hout begint. Snijd ze recht af, niet onder een hoek. Nieuw hout begint meestal enkele centimeters boven de plek waar de stengel ontspringt.

Zoek ongeveer vijf sterke stengels uit en snoei ze terug tot op 20-25 centimeter lengte. Dit bevordert de groeispurt in de lente.

Zomersnoeien

Als u bloemen plukt, voert u een soort zomersnoei uit, die dezelfde zorg vereist als wintersnoei. Charlie en ik zagen eens met afgrijzen een tiener aan de overkant van de straat aan een rozenstruik rukken en trekken, tot deze geheel verfomfaaid was en de bloemblaadjes waren afgevallen. 'Kinderen,' zeiden we tegelijk, en schudden ons hoofd. Ik heb Charlie nooit verteld dat ik vroeger ook zo bloemen plukte.

Gebruik een goede, scherpe snoeischaar en maak een recht snijvlak.

Wees kieskeurig. Haal iedere keer maar een paar rozen van de plant af. Als de plant niet goed bloeit, heb dan geen haast. Laat hem wat op krachten komen.

Als u grote, opvallende bloemen wilt, haal dan de kleine knoppen aan de stengel weg en laat aan de top één knop zitten.

HANDARBEID

*Een goed gedijende tuin maakt je wakker twee uur voor
je zou moeten opstaan.*

CHARLES DUDLEY WARNER,
My Summer in a Garden, 1870

Ik werd op Memorial Day wakker van het geluid van schoppen die ritmisch de grond raakten en vervolgens het geluid van neerstortende grond. Ik kroop stilletjes uit bed om Scott niet wakker te maken of de katten te storen en keek uit het raam. Aan de andere kant van de straat werkten drie mannen in een tuin. Daar was pas een vrouw komen wonen en tot dusverre leek ze niet erg geïnteresseerd te zijn haar buren te ontmoeten. Ik had haar nog maar een- of tweemaal gezien en dit was de eerste keer dat ik iemand in haar tuin zag. Het was nog maar een paar uur licht, dus ze konden nog niet lang bezig zijn, maar haar ommuurde bedden waren al onkruidvrij en er lag een berg aarde en onkruid in een kruiwagen.

Betaal iemand om in je tuin te werken. Dat was nog nooit in me opgekomen. Door de opening tussen de gordijnen keek ik naar de werkende mannen terwijl ik mijn broek aantrok. Hun schoppen verdwenen in de bodem en werden weer opgetild, vol rotsachtige grond en onkruid. Ze wierpen

103

iedere volle schop in de kruiwagen en vervolgden hun weg langs het bed en lieten een volledig schoongemaakt spoor achter. Naast de kruiwagen stonden vijf zakken mest om de grond in te worden gewerkt. Ze zouden voor lunch met de hele tuin klaar zijn.

Ik overdacht dit terwijl ik mijn eigen tuin in liep, de lucht nog vochtig, want het was acht uur. Ik had zes tomatenzaailingen in mijn hand, die ik een week eerder bij San Lorenzo had gekocht. De tomaten die ik had gezaaid waren nog maar enkele centimeters groot en groeiden langzaam, dus ik dacht dat ik er voor de zekerheid nog maar een paar moest kopen. Het was begin juni, en de bordjes in het tuincentrum zeiden me dat ze in de volle grond konden en aan het groeiseizoen konden beginnen. Ik pakte gereedschap: een grote en een kleine schep en een hark. Ik sleepte een zak compost naar het bed dat ik een paar weken eerder was begonnen op te ruimen.

Omdat ik het meeste onkruid er al had uitgetrokken, kon ik de compost door de grond gaan werken. Ik had gehoord dat tomaten het moeilijk deden in Santa Cruz met zijn kleiige grond, de koele, mistige zomers en de ziekten en plagen die iedere tomatenaanplant belaagden. Ik nam geen risico. Ik had alle biologische tomatenbenodigdheden gekocht die San Lorenzo had: gedroogde mest, vloeibare Grote Bloemen Mest voor later in het jaar, en geheimzinnige poedertjes en zeepjes die ziekten moesten voorkomen waar ik nog nooit van had gehoord: monilia, fusarium, septoria. Ik werkte er zelfs een paar handen regenwormenpoep door. Ik keerde de grond, schep voor schep.

Het was lekker om buiten in de zon te zijn en eindelijk mijn tomaten te planten. Hoewel de lucht nog kil was, kreeg ik het zo warm van het werk dat ik mijn trui uitdeed en verder werkte in mijn shirt met korte mouwen, een beetje hijgend en heen en weer wiegend bij het in de grond steken van de schop. Mijn tomatenplanten stonden in een keurig rijtje en keken verwachtingsvol, alsof ook zij blij waren buiten te zijn en de grond in te gaan. Het was een perfecte dag om te planten. De mist loste op en een licht briesje voerde de geur van de oceaan aan. Er ging niks boven het planten van je zomergroente in je eigen tuin. Ik kon me niet voorstellen dat je iemand anders betaalde om dat te laten doen. Dat was net zoiets als iemand huren om een strandwandeling te maken of de katten te aaien.

Ik plantte de tomaten in twee rijen van drie en bond ze op aan bamboestokken. Ze zagen er zo jong en hoopvol uit in hun keurige rijtjes. Ze hadden er geen idee van wat ze te wachten stond, tussen de verwelking en schimmels en de luchtaanvallen van de bladluizen. Ik zat op mijn hurken en keek ze aan. 'Oké mannen,' zei ik, 'doe je best. Ik zal er zijn om je te helpen waar ik kan, maar uiteindelijk moet je het zelf doen. Stel me niet teleur.'

Daarna ging ik aan de voorkant wat wieden. De werklieden aan de overkant waren al klaar. Ze maakten hun gereedschap schoon en laadden het in terwijl ik een paar slakken van een flagstone flipte en tussen een zee van paardebloemen en knolcyperus zat, met een hele dag werken in het vooruitzicht. De mannen aan de overkant reden weg, en mijn buurvrouw kwam naar buiten in een smetteloos wit shirt. Ze liep langzaam rond de geschoonde bedden en bekeek ze vanuit verschillende hoeken. Ze kon niet lang buiten zijn geweest, want toen ik met het wieden bij de volgende flagstone was gekomen en opkeek, was ze weg.

Ik kon me niet voorstellen iedere dag zoveel handwerk te doen als de werklieden van mijn buurvrouw. Onkruid wieden, grond scheppen en takken afsnijden is zwaar werk. Ik was er helemaal niet op voorbereid dat tuinieren zo'n zware lichamelijke activiteit is.

Het heeft me bijna mijn rug gekost, doordat ik mezelf zo inspande met zakken mest, schoppen en hooivorken. Op sommige dagen tegen de schemering kon ik nog nauwelijks meer het huis in strompelen. Op een keer, een paar maanden nadat we er waren komen wonen, verrekte ik mijn rug zo erg dat ik op de grond viel waarop ik bezig was en een halfuur in de verse aarde lag, niet in staat te bewegen. Ik lag naar de lucht te staren terwijl de frisse geur van de grond rond mij opsteeg. Zo is het dus om een plant te zijn, dacht ik, zonder mijn gezicht van de zon af te kunnen keren.

Achteraf is het misschien grappig jezelf voor te stellen hoe je in je eigen grond vastzit, en niet in staat te bewegen. Maar ik was doodsbang op dat moment. Ik was vijfentwintig toen we er kwamen wonen en ik had nooit lichamelijke beperkingen gekend. Het duurde weken voordat mijn rug weer herstelde, en dat beperkte het werken in de tuin. Ik kon niet bukken, ik kon niet graven, ik kon niet tillen. Zodra ik aan mijn gewone werk begon, schoot het weer in mijn rug, op dezelfde plek. En nog eens en nog eens.

'Als je niet elke dag sit-ups doet,' zei mijn fysiotherapeut, 'wordt dit nooit beter. Je zult je rug steeds opnieuw blesseren. Laat eens zien hoe je sit-ups doet.'

Ik liet haar er eentje zien op de onderzoektafel en mijn hele bovenlijf trilde van de inspanning.

'Zie je dat?' zei ze. 'Na een tijdje tril je niet meer zo. Je moet buikspieren kweken, zodat je rug niet al het werk hoeft te doen.'

Ik nam haar serieus. Ik begon me al zorgen te maken dat ik met tuinieren moest stoppen, waar geen sprake van kon zijn. Ik deed de hele lente sit-ups, beginnend met tien per dag, vervolgens twintig, dan vijftig. Uiteindelijk was ik aan de honderd per dag. Ik kreeg geen keihard wasbord zoals je dat in reclamespotjes op de tv ziet, maar ik werd wel sterker. Als ik een zak compost rondsjouwde, voelde ik mijn buikspieren zich aanspannen en me overeind houden. Mijn gevoelige rug was veilig. Langzaam werd hij beter.

Tuinieren bleef me echter tot aan mijn lichamelijke grenzen drijven. Ik kon nog steeds alleen maar de kleinste zakken grond tillen. Ik had moeite met het omspitten van de bedden en had na een dag in de tuin 's nachts stijve spieren.

Als trainen voor mijn middenrif hielp, waarom dan ook niet voor mijn armen? Wie zegt dat ik iemand nodig heb om zakken mest uit mijn auto te tillen? Waarom kan ik dat niet zelf?

Ik begon push-ups te doen en gewichten te tillen, rustig aan in het begin. Mijn eerste handgewichten waren nog geen kilo. Maar ik had iets van de sit-ups geleerd. Je gaat langzaam steeds verder. Ik ging naar twee kilo, vervolgens drie kilo en toen vierenhalve kilo. Net als de tuin zelf, niets gaat van de ene dag op de andere.

Op een dag stond ik bij de kassa in het tuincentrum en vroeg om een zak koemest. 'Ik zal iemand voor u roepen,' zei de caissière.

'Nee, laat maar,' zei ik. Mijn gedachten waren al bij het werk dat me stond te wachten. Verstrooid reed ik de auto naar de pallets en gooide een zak mest in de laadbak. Ik was al drie straten verder toen ik besefte wat ik had gedaan. De verbetering was zo geleidelijk gegaan dat ik het niet had gemerkt. In de loop der tijd was ik sterk genoeg geworden om alles zelf te doen in de tuin. Ik was goed geworden in iets waarvan ik nooit had gedacht dat ik er goed in zou willen worden – handwerk. Ik kon de jongens in de tuin van mijn buurvrouw bijhouden, dacht ik. Sterker nog, ik kon mijn eigen tuin bijhouden.

Niet lang daarna kreeg ik de kans mezelf te bewijzen. Ik werkte voor een makelaardij die in het bezit was van een oud houten huis in een vervallen buurt bij de Boardwalk, enkele kilometers van mijn huis. We wilden het opknappen en aan een weinig bemiddeld gezin in de buurt verkopen. Ik was niet direct bij het project betrokken, maar ik zat soms bij de vergaderingen voor de administratieve en financiële details; dat was immers mijn werk.

Ik lette niet erg op tijdens die vergaderingen. Mijn gedachten dwaalden af bij de lange discussies over bouwdetails. Ik zat de tuin te plannen, aan nieuwe zaden te denken, een meer ornamenteel slabed te ontwerpen en te peinzen over de beste manier om de tomaten op te binden. Soms maakte ik in gedachten een lijst van wat er rijp was in de moestuin en probeerde zo veel mogelijk maaltijden te bedenken met zelfgekweekt voedsel: roerbaksels, pizza's en stamppot.

Als het gesprek echter over het huisje bij de Boardwalk ging, veerde ik op. Het was zo'n leuk project, dat oude huis opknappen. De verbouwing was bijna klaar. Het had een nieuw dak, nieuwe fundering, nieuwe elektra en waterleiding en een verbouwde keuken. Het was in een fris strandhuisjesgeel geschilderd en er moesten alleen nog maar een paar dingetjes worden afgewerkt. Zoals de tuin.

Iedereen was de tuin vergeten. We hadden klaar moeten zijn met het project en het huis had klaar moeten zijn om binnen twee weken op de markt te worden gebracht. Er werden excuses gemaakt; er was verward gemompel over een 'tuinplan' of het ontbreken daarvan.

Zo gaat dat met bureaucratie: de dingen worden ingewikkelder dan ze eigenlijk zijn. Ik was een beetje chagrijnig die dag, en dat was misschien merkbaar toen ik zei: 'Kom nou toch, is dat zó moeilijk? Ga naar het tuincentrum, koop wat Mexicaanse salie en bougainville en stop het in de grond. Dit is een huisje van tachtig jaar oud, bij het strand met een halve meter grond eromheen. We hebben geen *plan* nodig. We moeten wat planten in de grond zetten en dat huis verkopen.'

Ik had dat eerder naar voren moeten brengen, want de volgende dag ging ik in mijn spijkerbroek en op tennisschoenen naar San Lorenzo en niet naar kantoor. Ik was be-

109

vorderd tot tuinarchitect voor één dag. Ik reed de parkeer-plaats op en zette de auto voor twee trucks van een land-schapsinrichter en stapte doelbewust langs de rekken, ik en de andere landschapbouwers, de enige klanten die een re-den hadden om hier zo vroeg op een doordeweekse dag te zijn. Ik liep rond met een van de werknemers, wees planten aan, maakte notities en regelde de bezorging.

Dit is *cool*, dacht ik toen ik de opdrachtbon teruggaf en vertrok. Mensen doen dit voor hun werk. Vandaag doe *ik* dit voor mijn werk. Ik had een ploeg werklieden bij het huis; technisch gezien werd ik niet geacht het eigenlijke plant-werk te doen, aangezien buitenwerk niet in mijn taakom-schrijving stond, maar ik had mijn tuinhandschoenen en een schop bij me voor het geval ik een handje kon helpen.

Ik was als eerste ter plekke. Ik ging op de trap voor het huis zitten, dronk een kop koffie en wachtte op het busje van de kwekerij. Dit buurtje, Beach Flats, was zo dicht bij de Boardwalk dat het een van de duurste wijken van Santa Cruz had moeten zijn, maar dat was het niet. Het was een enclave van armoe in een verder welvarende stad, een buurtje dat bekendstond om bendes en drugs en goedkope motels. Vanaf mijn huis op de heuvel kon ik over de rivier op Beach Flats kijken. Soms hoorde ik midden in de nacht schieten en politiesirenes. Maar verder leefde ik in een an-dere wereld. Ik kwam er zelden op mijn avondwandelinge-tjes en de inwoners van Beach Flats kwamen bijna nooit in Seabright, behalve de man die aan de deur ijs verkocht uit een karretje dat achter aan z'n fiets zat.

Zittend op die voorgalerij in de vroege ochtendmist,

vroeg ik me af waarom iedereen zo bang was voor deze buurt. De huizen om me heen hadden bladderende verf in vage tinten groen, roze en blauw; op een paar voorgalerijen lagen kapotte patiostoelen en oude auto-onderdelen en verschillende ramen waren ingeslagen en bedekt met vergelende posters van *La Virgen de Guadelupe*, maar daardoor leek de plek niet onveilig, alleen armoedig.

Op dat moment gingen als op een signaal deuren open in de straat. Kinderen kwamen naar buiten en hun moeder of oma volgde hen met hun lunchpakketje naar de bushalte aan het eind van de straat. Ze stonden er een minuut of tien terwijl de vrouwen op rustige, bij de vroege ochtend passende toon met elkaar praatten en een oog op de kinderen hielden tot de bus eraan kwam. Hij bleef een minuut staan, reed weg en liet de moeders en oma's achter, die teruggingen en één voor één in hun huisje verdwenen.

Ik overpeinsde de scène waarvan ik zojuist getuige was geweest en dronk mijn koffie op. Er is een basisschool in mijn buurt en ik heb nooit zo'n groep bij de school gezien om hun kinderen weg te brengen. Deze buurt had iets speciaals. Ik keek achterom naar het huis dat we aan het verbouwen waren. Het zag er zo hoopgevend uit, met zijn jas van gele verf en glimmende nieuwe vensters. Het leek alsof het de macht bezat om de rest van de buurt te inspireren en een nieuwe start te maken, wat trappen te repareren, wat vensters te vernieuwen en wat planten neer te zetten.

De trucks arriveerden op hetzelfde tijdstip als de werklieden. Ik sprong op om te helpen met het uitladen van de planten, terwijl de jongens de grond rond het huis begonnen te bevrijden van paardebloemen, bramen en verkurkte oude aloë's. Ze hadden het onkruid uitgetrokken en de zakken compost op de grond verspreid in de tijd dat ik hielp met het planten uitladen en ze aan het zijpad neerzetten waar ik ze wilde hebben. Ik wees – en gebruikte wat van mijn middelbareschool-Spaans – om aan te geven waar de planten naartoe moesten, wat de afstand tot het huis moest zijn en waarom er ruimte voor een hek moest overblijven.

Ik hing een paar minuten rond terwijl de mannen aan het werk gingen en voelde me een beetje idioot in mijn rol van plantenbaas. Wat moest ik nog meer doen? Blijven kijken? Meer orders uitdelen? Naar binnen gaan en een blaadje lezen? In plaats daarvan deed ik wat ik aldoor al had willen doen: ik ging naar mijn auto, pakte mijn handschoenen en mijn schop en ging aan het werk. We waren met zijn vieren aan het graven, maar de bodem was zo hard en droog dat het ons een dikke twee uur kostte om de compost de grond in te werken en de helft van de planten neer te zetten.

Rond tienen kwamen de timmerlieden om het hek te maken. Een van hen keek op zijn horloge en knikte in onze richting. 'Neem een pauze, jongens,' zei hij en ik liet samen met de rest van de ploeg mijn schop vallen, propte mijn handschoenen in mijn achterzak en liep met ze naar de winkel op de hoek, waar we *aguas frescas* dronken tot ons kwartier voorbij was. Dit is geen slechte manier om de kost te verdienen, dacht ik, hoewel mijn rug al stijf begon te worden, en ik besefte met enige schaamte dat mijn salaris waarschijnlijk wel tweemaal meer was dan het inkomen van de bestbetaalde van de werklieden. Ik speelde de tuinier en speelde dat ik mijn dagen doorbracht met mijn handen in de aarde, maar ik wist dat mijn comfortabele bureauwerk op me wachtte, met een goed loonstrookje en geen van de beroepsrisico's van het buiten werken.

We waren voor de lunch klaar. De jongens laadden hun trucks in en maakten zich klaar voor de volgende klus, maar niet voordat ze mij de hand hadden gedrukt en me hadden gecomplimenteerd met mijn harde werken. '*Eres muy buena trabajadora.*' Ik grijnsde en schudde ze de hand, te blij om veel te zeggen. Voor ik vertrok, liep ik naar de overkant om een goede indruk van het huis en zijn nieuwe tuin te krijgen.

De zonnige gele verf, het witte hek en de bloemen maakten alles anders. Het huis was nu een heldere plek in de buurt, waar het eerder had gestaan als symbool van neergang en verval. De planten leken wat nieuw en opgelaten, omgeven door een bruin tapijt van perfect geharkte mulch, maar ik kon me voorstellen hoe het er over een of twee jaar zou uitzien, als er een gezin woonde en er gordijnen voor de ramen waren gehangen, nadat de planten waren gegroeid en het hele huis was omringd door de blauwwitte bloeistengels van Mexicaanse salie en paarse bougainville die bij de voordeur tegen een rek klom. Iedereen kon zien dat er heel wat zweet in dat huis was gestoken. Een deel ervan was van mij.

Tuindersbad

Op sommige dagen is mijn favoriete moment in de tuin het tijdstip waarop de zon achter de horizon is verdwenen en het te donker is om nog te werken. Alleen nog maar het gereedschap opbergen en naar binnen gaan met een zere rug en armen bezaaid met schrammen van de bramen.

Ah... dat bad na het tuinieren. Dat is de moeite waard om vuil voor te worden, de spieren voor in te spannen. Ik neem een aanzienlijke hoeveelheid afval in de kuip mee – er zit compost tussen mijn tenen, een fijne laag stof op mijn armen en bladeren en droge zaadpeulen in mijn haar. Alsof dat nog niet genoeg is, doe ik handenvol verse kruiden in het bad, zodat wanneer mijn schoongeborstelde lijf uit het water rijst, een spoor van rozemarijn en lavendel op de bodem ligt, samen met het vuil en de twijgen, en een theekopje naast de kuip bevat het drab van mijn tuinthee, kattenkruid en kamille.

Hier is mijn recept voor het bad na het tuinieren dat mijn haagwinde-uitslag geneest en mijn vermoeide botten verlicht.

1 kop havervlokken
¼ kop bakpoeder
¼ kop poedermelk
gedroogde kruiden – smeerwortel, lavendel, eucalyptus, munt of kamille

Ik maak hier een voorraad van door alles te mengen in een keukenmachine of mixer. Als ik uit de tuin kom, doe ik wat in het bad, samen met verse kruiden of rozenblaadjes en – als ik de kracht nog heb – begin ik het tuinproject van de volgende week te plannen.

Een groeiseizoen

TOERISTEN

We reizen, sommigen van ons voor altijd, en zoeken
andere landen, andere levens, andere zielen.

ANAÏS NIN, Dagboek van Anaïs Nin, 1980

In het begin merkte ik de komst van de zomer nauwelijks. Ik weet niet waarom; ik denk dat ik te zeer werd afgeleid door de dagelijkse besognes om erop te letten. De weken leken voorbij te glijden, zelfs in de tuin, terwijl ik dacht dat daar de wisseling der seizoenen abrupt zou zijn. Er vond echter geen enkele specifieke gebeurtenis plaats die het begin van de zomer markeerde – mijn tomaten werden niet opeens rijp, mijn planten begonnen niet tegelijk te bloeien. Tot zover leek zomer in de tuin erg veel op lente in de tuin, vol halve en nieuwe beginnen, behalve dat de dagen wat langer waren en de grond wat warmer was.

Op een dag reed ik van het tuincentrum naar huis over de Ocean Avenue toen ik stil kwam te staan in het verkeer. Dat was ongewoon, de meeste dagen kon ik doorrijden, langs de bouwvallige Victoriaanse huizen en goedkope motels, langs de slijterij met balken voor zijn raam, langs de verlaten cocktailbar die het wijkberaad had laten sluiten, langs Freddy's Taqueria en de 7-Eleven. Er was nooit veel verkeer in deze straat en ik dacht er nooit aan dat dit de hoofdroute was waarlangs de toeristen naar de Boardwalk gingen. Maar deze keer stond er een nauwelijks rijdende file voor me en met niks anders te doen dan wachten, keek ik naar het eind van de straat waar de Boardwalk tegen de kust lag. In de verte kon ik het rad van Ferris statig rond zien draaien. Het gegil van de achtbaanklanten klonk luid, want er reden twee karren tegelijk en de kreten uit de ene kar werden door de andere kar geëchood, een duet van angst en opwinding dat ik thuis nog kon horen. Ik besefte dat de zon scheen en de zee achter de Boardwalk blauw in plaats van het gewone grijs was.

Toen drong het tot me door: *het is zomer.* De winter was al lang voorbij en de lente was vergleden voor ik daar erg in had. De andere auto's voor en achter me zaten vol toeristen: toeristen met neonroze bikinistrings, toeristen die elkaars rug insmeerden nog voor ze op de parkeerplaats waren, toeristen met koelboxen vol drankjes en broodjes. De zomervakantie had Santa Cruz bereikt en ik stapte in de rol van norse inboorling, geïrriteerd door de invasie van lawaaierige vreemdelingen. Ze parkeerden in mijn straat, ze feestten op mijn strand en stonden in lange rijen in mijn favoriete restaurants.

Alle weekeinden lieten ze vieze luiers, bierflessen en verpakkingen in mijn tuin achter en ik zwierf door de maandagochtendmist om dat op te pikken. Het was de manier waarop ze afval achterlieten die me echt hinderde; als ze het op straat hadden gegooid en het door de wind in mijn tuin werd geblazen was dat één ding. Maar omdat ons huis anderhalve meter boven de stoep zit, moeten ze het afval daadwerkelijk in mijn tuin tussen de bloemen deponeren. Ze zetten hun bierflessen op een rijtje naast mijn geraniums. Ze klemden patatbakjes onder mijn klimrozemarijn. Ze deden het moedwillig. Ik zag het als een duidelijk teken van agressie, als een vijandige daad.

Ik denk dat de meeste toeristen er niet aan dachten dat er mensen in mijn buurtje woonden, dat we geen deel van de toeristenattractie waren, dat onze straat geen amusementspark of zelfs een parkeerplaats was. Ze schenen te denken dat wij inwoners er voor hen waren, dat we betaald personeel waren, klaar om ze te ontvangen. Toeristen kwamen aan de deur en vroegen of ze de telefoon konden gebruiken en probeerden zelfs geld voor benzine te lenen. Op een dag kwam ik de veranda op en zag een man bezig een geranium uit Charlies tuin te trekken, *waar zijn eigen kinderen bij stonden en toekeken.* Ik was zo met stomheid geslagen dat ik alleen maar voor hem kon gaan staan, te kwaad om wat te zeggen, en keek naar de plant in zijn hand.

Na een minuut lachte hij breed naar me. 'Niemand zal het toch erg vinden als...' en hij hield de plant omhoog alsof hij een toast uitbracht. 'We zijn van buiten de stad, Modesto, en ik dacht, ik probeer een van deze in mijn eigen tuin.'

Probeerde hij op mijn gemoed van tuinier te spelen? Dacht hij dat ik het geweldig zou vinden hoe goed Charlies geranium in zijn tuin in Modesto zou staan? Het kostte me even om mijn stem te herwinnen, maar ten slotte zei ik: 'Ja, dat vind ik wél. Hij heeft die plant gekocht en hem hier neergezet omdat hij wilde dat hij hier zou groeien,' en ik pakte de plant af en stopte hem weer in de grond, terwijl de kinderen van de man met grote ogen toekeken.

Zulke mensen maken het gemakkelijk een knorrige autochtoon te zijn. De inbreuk op de privacy, het binnendringen in mijn huis en leven waren niet alleen vervelend, maar ook beangstigend. In een buitenwijk is het eigendom duidelijk gemarkeerd. Er zijn gazons en opritten en poorten en de mensen weten waar ze niet mogen komen. Maar hier hebben we die dingen niet afgebakend. De mensen zitten op mijn trap om het zand van hun schoenen te borstelen voor ze in hun auto stappen en meestal vind ik dat niet erg. Soms lopen ze doelloos de trap op, mijn tuin in voor ze beseffen dat ze op iemands terrein staan. Maar het ging te ver toen ik op een dag thuiskwam en een stel tieners op de galerij pal voor mijn voordeur lagen te zonnebaden. De jongen had een handdoek uitgespreid en lag op zijn buik en het meisje lag op haar rug met haar shirt en broek opgerold om toch zo veel mogelijk zon te krijgen zonder zich uit te kleden.

Zoals gewoonlijk was ik te verbaasd om wat te zeggen. Ze hadden een zonnebril op, dus ik wist niet of ik wel contact met ze had.

'Hallo,' zei ik om beleefd te beginnen.

De jongen keek naar me op, zei ook hallo en ging weer liggen.

Dit was te veel. Ik knielde naast de jongen en zei: 'Dit is mijn huis. Dit is geen openbaar terrein. Het is hetzelfde als wanneer je op mijn gazon ligt.'

De jongen keek een ogenblik verbaasd om zich heen, naar mij en naar mijn voordeur. 'O,' zei hij en rolde zijn handdoek op. Ze sprongen overeind alsof ze voor het eerst zagen dat het strand een blok verderop was en gingen zonder nog iets te zeggen weg.

Ondanks hun botte gedrag moet ik toegeven dat ik ook wel wat gefascineerd was door de toeristen. Ze voerden hun eigen show op, arriveerden met hun parasols en gitaren, klaar om de zomerfantasie uit te leven, de strandvakantie. Terwijl wij doorgingen met de dagelijkse routine, naar het werk en naar huis, de was vouwen, rekeningen betalen, veranderden ze ons gewoonlijk mistige, koude stadje in een strandfeest dat van juni tot september duurde. Ze werden bruin, dronken margarita's en kochten belachelijke souvenirs. Kortom, ze deden me aan mezelf denken zoals ik op vakantie ging. Daarom vond ik het moeilijk om kwaad op ze te blijven.

Ik kon over het strand lopen en er herhalingen van mijn eigen zomervakanties zien. Gillende kleuters renden tot het water en weer terug naar de benen van hun ouders. Meisjes rolden in het zand en speelden zeemeerminnetje. Tienermeisjes nestelden zich op strandstoelen en luisterden naar de radio, terwijl de jongens hun surfplanken showden.

Soms ving ik een glimp op van een zomerromance op het strand, de soort die iedereen wil, maar alleen in films gebeurt en kennelijk ook in Santa Cruz. Op een dag aan het eind van juni ging ik naar het strand. De dag was ongewoon warm, met een heldere hemel, niet van die kenmerkende middagmist, en een perfecte branding die uiteenbarstte in schitterende schuimende brekers. De zon, die bijna onderging, wierp een diep gouden licht op het zand. Terwijl ik over het strand liep, viel het licht in de druppels die van de golven kwamen, waardoor iedereen door een soort mistige halo was omlijst. Een jong stel, hun silhouetten tegen de ondergaande zon, speelde zandpingpong. Toen de bal in het water viel, rende de vrouw hem achterna en de man achtervolgde haar, tot ze tot aan hun middel in de branding renden. Hij haalde haar in, pakte haar bij het middel, draaide haar in het rond en kuste haar tot de golven terugkwamen en ze in het zand vielen, als Burt Lancaster en Deborah Kerr in *From Here to Eternity*.

Die mensen denken dat zulke momenten alleen mogelijk zijn in een plaats als Santa Cruz. Als inwoner weet ik dat dat niet zo is. De toeristen brengen hun eigen magie met zich mee. Het gaat niet om deze plaats, het is niet de zee of het zand dat ze gelukkiger of gekker of romantischer maakt. Ik wandel elke dag op het strand, vaak met Scott, en we zijn nooit in het water gesprongen voor een gepassioneerde zoen in de branding. Het is het op vakantie zijn dat ze blij, ontspannen en tevreden maakt. Het zou Scott en mij ook gebeuren als we naar een ander strand gingen. De toeristen weten dat echter niet. Ze denken dat het door Santa Cruz komt, en ik laat ze in die waan.

In de loop der tijd kreeg ik de neiging de mythe te bevestigen deel te zijn van de vrolijke achtergrond van hun strandvakantie. Ik dacht aan de vakanties die ik op tropische eilanden had genoten, waarin ik met afgunst naar de inwoners keek die ons vanaf hun veranda toelachten, bloemen uit hun tuin verzamelden en 's avonds door de straten van hun dorpjes met rieten daken wandelden. Dat hoort bij de vakantie-ervaring, op een terras naar de plaatselijke bevolking kijken en gesprekken voeren als: 'Ik wou dat ik hier woonde...' en: 'Zie je dat witte huisje op de heuvel? Dat is voor me *gemaakt.*' Vervolgens, op trage toon: 'Zeg de buren dat ze mijn meubels mogen hebben. Bel kantoor en zeg dat ik ontslag neem. Ik hoef alleen maar een strandstoel en een barbecue.'

Zo heb ik zelf vaak zitten kletsen, maar ik had nooit gedacht dat ik nog eens een vrouw, toen ze langs mijn huis liep, zou horen zeggen: 'Moet je dat leuke huisje met die rode geraniums zien, schat. Weet je dat ik altijd al bij de zee in een huisje met rode geraniums heb willen wonen?' En terwijl ze in hun auto stapten om terug naar San Jose of Fresno of Barstow te gaan, hem zou horen zeggen: 'Ik weet het. En zodra we de loterij winnen, gaan we hier wonen.'

Zouden mensen net zo over mijn huis denken als ik over de huizen in Carmel of Mendocino of Hawaï? Ik kon het nauwelijks geloven, maar was toch gecharmeerd. Het was dan ook die opmerking die me aanspoorde te voldoen aan het geromantiseerde beeld van Santa Cruz. Ik begon alle klassieke Californische strandplanten in mijn tuin te kweken. Ik plantte bougainville en Mexicaanse salie, hetzelfde schema als voor het huis in Beach Flats. Ik plantte ijsbloemen, de succulente duinplant die in de zomer felroze en -paars bloeit. Ik liet trompetklimmer tegen de hoek van het huis opklauteren, met rode bloemen die zo groot waren dat een kolibrie er compleet in kon verdwijnen en glimlachte toegeeflijk als een jong vrouw omhoogreikte om een bloem voor in haar haren te plukken.

Dat deed ik allemaal voor de toeristen, ondanks het lawaai, het verkeer en het vuilnis dat ze meebrachten. Ik wilde ze laten geloven dat deze plek de sleutel tot hun geluk bezat, deze stad aan zee waar de planten het hele jaar bloeien. Ze herinnerden me eraan van mijn leven als inboorling te genieten. Ik voelde hun goedkeurende blikken als ik mijn vrolijke tuin bij de zee verzorgde en zwaaide naar ze vanaf mijn patio, waar ik 's avonds vaak met een glas wijn zat. En maandagochtend, als ze weg waren, liep ik door de straat en raapte hun lege flessen zonnebrandolie op.

Hoe heet die plant?

Ik koop van alles als ik op vakantie ben. Rare souvenirs, amateuristische aquarellen en zelfs themakookboeken als *Kruidig Caribisch Kookboek* dat ik kocht op de Maagdeneilanden, in de hoop die vakantie-ervaring thuis na te kunnen bootsen. Maar eenmaal uit de koffers gehaald, lijken deze snuisterijen belachelijk en misplaatst.

De toeristen in Santa Cruz zijn slimmer: ze vragen altijd hoe de planten in de tuin heten, hopend ze thuis ook te kunnen kweken. Veel van deze planten groeien in een groot deel van de Verenigde Staten. Daarom geef ik hier een opsomming.

🌺 *Hibiscus:* groeit in Californië in de tuin, maar wordt in Nederland als kamerplant gehouden.

❀ *Bougainville:* een klimplant met paarse en ook wel roodachtige bloemen, die niet tegen vorst kan.

❀ *Passiebloem:* matig winterharde klimplant met blauwe bloemen.

❀ *Trompetklimmer:* sterke klimplant die niet hoeft te worden geleid en ook in gematigde klimaten winterhard is, met rode tot oranjerode bloemen.

❀ *Echium:* geslacht met veel soorten voor de tuin, meestal blauw bloeiend, winterhard.

❀ *Mexicaanse salie:* in Mexico komen veel saliesoorten voor, waarvan sommige ook in Nederland verkrijgbaar zijn. Matig winterhard.

❀ *Fuchsia:* hangplanten of heestertjes met bloemen in allerlei tinten, rood, lila, paars en ook wit. Niet winterhard.

❀ *Kniphofia:* lijkt op een aloë, met grote vuurrode en gele bloeistengels.

❀ *Aloe:* is in Nederland een kamerplant; er zijn veel soorten die uit Afrika afkomstig zijn. Komt in Californië verwilderd op het strand voor.

GOEDE EN SLECHTE INSECTEN

*De operaties voor het vernietigen van insecten of het
tegengaan van hun schadelijke gevolgen zijn ons
volgende onderwerp. Daarover is zo veel gezegd, dat als
we alles zouden verzamelen wat door schrijvers over
landbouw en tuinieren is aanbevolen, het verbazing
zou wekken dat niet reeds lang geleden alle schadelijke
insecten zijn uitgeroeid, of tenminste in zo'n geringe
hoeveelheid zouden verschijnen dat we ze niet meer
hoeven te bestrijden.*

JANE LOUDON,
Loudon's Encyclopaedia of Gardening, 1830

Toen ik begon met tuinieren, had ik niet gedacht dat ik zo
op de hoogte zou raken van het insectenleven. Ik bladerde
door de fullcolour tuinboeken en zag er nooit ook maar één
insect in. Insecten leken niet erg wenselijk. Geen van mijn
favoriete tuinbladen had op de omslag een tuin die krioelde
van de insecten. En ik heb nooit iemand een tuin horen prij-
zen met: 'Niet te geloven wat een insecten ze er heeft! Spectaculair!' Een tuin, zo lijkt het, moet netjes en schoon zijn en
vrij van iedere soort insect.

Dit was echter in mijn tuin niet het geval. Na die eerste

plaag van blad- en dopluizen op de sinaasappelboom begon ik meer aandacht aan de insectenpopulatie in mijn achtertuin te besteden. Ik las er wat over en vond uit dat biologische tuiniers de insecten in twee kampen verdelen: goede en slechte. De slechte zaaien dood en verderf, zuigen het leven uit het gewas, infecteren de grond en leggen eieren met duizenden tegelijk. De goede insecten zwermen binnen als een vredesmacht die rechtvaardigheid en harmonie brengt. Ze bewaken het gewas en als u niet kijkt – om u niet te storen of bang te maken – vreten ze onopvallend de slechte op.

Een van de eerste dingen die me opvielen, was dat de goede insecten allemaal mooier waren dan de slechte. Zo leek het ten minste op de foto's van mijn biologische tuinboeken. De goede insecten, de zweefvliegen en lieveheersbeestjes en honingbijen werden altijd gefotografeerd op een knalroze dahlia of een zonnig gele zinnia. Ze hadden prachtige strepen of stippen of elegante, kantachtige vleugels. Ze waren vriendelijk en vrolijk en helemaal niet kriebelig.

De foto's van de slechte insecten bezorgden me echter kippenvel. Witte vlieg krioelde op de onderkant van een tomatenblad. De larven van de pompoenboorder, een ziekelijk wit gedrocht, kauwde zich door een taaie, oude pompoen. Schildluizen groeiden als gezwollen en vaag paarse puisten op de schors van een boom. Zelfs de Mexicaanse bonenkever, die precies een lieveheersbeestje lijkt, behalve dat hij koperkleurig is in plaats van rood, was gefotografeerd in een vaal, groenig licht waardoor hij er verdorven en gemeen uitzag.

De goede insecten hadden ook mooiere namen, sommige woest en krijgszuchtig, andere sierlijk en vrouwelijk. Wie wilde geen roofwantsen of viltvliegen aan zijn zijde? Of een woeste tijgerkever of een mierenleeuw? En sommige klinken zo schattig: waterjuffer, gaasvlieg, lieveheersbeestje. De slechte insecten hadden daarentegen namen die klinken als de namen die kinderen elkaar geven als ze ruzie maken: koolvlieg, kankerworm, stinkwants. Deze insectengidsen waren zo geruststellend als sprookjes, waarin de good guys duidelijk van de bad guys zijn te onderscheiden en de goede altijd winnen.

In mijn tuin was het echter niet zo duidelijk.

Om te beginnen had ik moeite de goede en de slechte insecten uit elkaar te houden en ik wist niet zeker wat ik moest doen als ik dat wel kon. Om het verschil tussen tachiniden (de goede vliegen) en huisvliegen (de slechte) te zien, moest ik naar de grote borstels op de buik van de vlieg kijken. De loopkever, die slakken eet, is te onderscheiden van de zwartlijfkever, die planten eet, door een richel op de kop waaruit de antennes steken. Ik kon niet voldoende dichtbij komen om dat goed te zien en zelden zaten ze zo lang stil dat ik naar binnen kon lopen, mijn boek pakken zodat ik ze kon opzoeken en weer naar buiten gaan om naar hun borstels en richels te kijken.

Het was waarschijnlijk het beste je niet te bemoeien met deze ingewikkelde oorlog tussen de insecten. Het was een burgeroorlog en ik was de derde partij, groot en machtig, maar onbekend met de geschiedenis en gewoonten van de inboorlingen. Ooit veegde ik een compleet pakket gele eieren aan de onderkant van een met bladluis bedekt artisjok-blad af, ervan overtuigd dat ik iets goeds deed en de jongen van de slechte Mexicaanse bonenkever vernietigde. In plaats daarvan, zag ik later, had ik een broedsel lieveheersbeestjes-eieren uitgeroeid, die anders waren veranderd in hongerige, luizenetende larven en mijn artisjokken hadden kunnen redden. Ik voelde me vreselijk. Nog weken later verontschuldigde ik me bij ieder lieveheersbeestje dat ik zag.

Ik besloot een iets andere rol aan te nemen, meer als het Rode Kruis, en voedsel en medicamenten te sturen en verder uit de buurt te blijven. Ik plantte duizendblad en munt, kamille en tijm, planten die veel stuifmeel en nectar leveren. Ik zaaide cosmea, guldenroede en goudsbloem en dat kwam allemaal op en overdekte de ruimte tussen de groentebedden en de bloemenborders als een bloemenweide. Deze bloemen, beloofden de boeken me, trekken de allerbeste insecten aan, de meest nuttige en wenselijke, die het hier zo fijn zouden vinden dat ze er hun gezinnen zouden stichten. Vrede zou er heersen in het kleine dorpje dat mijn achtertuin was.

De dingen liepen anders, althans in het begin. Het warme juniweer zorgde voor ernstige luizenproblemen. Ze overdekten mijn half volgroeide tomatenplanten en nestelden zich zelfs tussen de bloembladen van de artisjok. Dat maakte het oogsten lastig: de enige manier om ze kwijt te raken, was ze een halfuur in een teil water te dompelen, zodat de insecten boven kwamen drijven. Vervolgens haalde ik ze uit de teil en kookte ze, zodat nog meer insecten loskwamen.

Het was een nogal gruwelijke klus voor een paar artisjokken.

's Avonds bladerde ik door mijn tuinboeken en probeerde uit te zoeken wat ik moest doen. Er was zoveel dat ik moest weten. Lieveheersbeestjes eten luizen, maar ze trekken. Net als de toeristen komen ze alleen 's zomers. Luizen hangen ook 's winters rond, op houtachtige stengels of scheuren in de schors. De interacties tussen deze insecten, zeiden de boeken, is de sleutel tot het in bedwang houden van de plagen.

Ik was verbaasd over de mededelingen op de website van de universiteitsboerderij. 'We proberen iets aan de oorworm in de maïs te doen,' las ik een keer. 'We hebben guldenroede in het maïsveld aangeplant. We hopen dat deze roofwantsen zal aantrekken, die oorwormlarven eten.' Wat een werk om een paar larven kwijt te raken. En als de guldenroede niet opkomt of de roofwantsen er niet op af komen? Of als ze de oorwormlarven te laat vinden?

Als ik de luizen echt kwijt wilde was er die ene optie die altijd op de achtergrond gereed stond: pesticiden. De bom. San Lorenzo had een hele stelling met deze soort middelen en ik was nog niet vergeten hoe goed ze bij de sinaasappelboom hadden gewerkt. Maar ik herinner me hoe schuldig ik me daarna had gevoeld. Ik moet evenveel goede insecten als slechte hebben gedood. Het leek zinloos en afschuwelijk en ik had er vaak spijt van. Een malathionbom in de tuin gooien is snel, gemakkelijk en afdoende. Alle insecten in één keer dood, en de tuin wordt vreemd verlaten, stil en insectenvrij. Maar wie wil voedsel dat met chemicaliën is overdekt?

Waarom zou ik groente telen als ik die moest bespuiten met hetzelfde spul als waarmee de supermarktproducten werden behandeld? Ik wist zeker dat ik een biologische oplossing kon vinden, zelfs al betekende dat dat ik vertrouwd moest raken met het eetgedrag, paarrituelen en gewoonten van iedere insect in de tuin, goed of slecht.

Lieveheersbeestjes waren de meest voor de hand liggende oplossing van het luizenprobleem en ik had er al genoeg. Ik begon ze te zoeken op mijn avondronde door de tuin. Op een nacht telde ik ten minste drie paar lieveheersbeestjes op mijn artisjokken, alledrie aan het paren. Hoe beter ik keek, des te meer besefte ik dat er meer seks plaatsvond in mijn tuin dan in een badhuis in San Francisco. Ik voelde me zelfs wat opgelaten, als een kind dat per ongeluk op zaterdagochtend de slaapkamer van zijn ouders binnenkomt. Ik hoorde daar niet te zijn. Met afgewende blik sloop ik weg.

Ik was blij dat er lieveheersbeestjes zaten, maar ik was bang dat ze te laat waren. De luizen plantten zich sneller voort dan de lieveheersbeestjes ze konden opeten. Ik dacht erover ze bij te kopen, maar ik had gehoord dat lieveheersbeestjes uit de winkel wegvliegen, en trouwens, misschien konden ze wel helemaal niet opschieten met de reeds aanwezige exemplaren. Ik had niet geweten dat dit zo ingewikkeld was. Ik had weinig mogelijkheden meer.

Op een dag had San Lorenzo iets anders: grote plastic flessen met zaagsel en honderden gaasvliegeieren. Volgens de verpakking kwamen er larven uit de eitjes die drie weken lang bladluizen zouden verslinden. Daarna veranderden ze in 'aantrekkelijke eierenleggende volwassen dieren'.

Ik was verkocht. Ik kocht een fles, waarbij kegelvormige papieren bekertjes hoorden. Ik moest zo'n bekertje aan de geïnfecteerde planten hangen en ze met het zaagsel met de eieren vullen. Als de eieren uitkwamen, zouden de larven uit de bekertjes kruipen en de luizenpopulatie beginnen te vernietigen.

Ik zette de bekertjes her en der in de tuin. Een paar aan de tomatenstaken, een paar in de takoksels van de bomen en een paar tussen de bladeren van de artisjok. Ik vulde ze en strooide het restant op de artisjokknoppen, waaraan de gaasvliegen na het uitkomen meteen konden gaan eten.

Scott kwam naar buiten om mijn vorderingen te inspecteren. 'Hoe weet je dat er echt gaasvliegeieren in zitten?' vroeg hij, terwijl hij met een vinger in het zaagsel roerde.

'Blijf af!' zei ik en duwde zijn hand weg. 'Kijk dan beter. Zie je die kleine groene eitjes?'

Hij tuurde in de beker. 'O, ik zie er één,' zei hij, 'hij lijkt op een bladluis.'

'Het is geen bladluis. Het is een Bladluisvernietiger. Staat op de verpakking.'

'Raar gezicht, al die bekertjes. Konden ze niet iets geven dat er natuurlijker uitziet?'

Ik moest toegeven dat hij gelijk had. De bekertjes op de planten zagen er nogal idioot uit. Ik heb nooit een gaasvlieglarf, noch een volwassen gaasvlieg in mijn tuin gezien. Na ongeveer een maand ruimde ik de bekertjes op en ik had nog steeds luizen op de tomaat en de sinaasappel. De artisjok was echter nog wekenlang luisvrij. Misschien hadden de gaasvliegen hun werk gedaan en waren ze naar een andere tuin getrokken. Misschien vonden ze mijn luizen niet interessant genoeg.

Bladluizen waren niet mijn enige probleem. De slakken werden een ernstige bedreiging en verslonden rijen sla in één avond en knaagden basilicum tot op de grond toe af zodra ik het plantte. Ze leken nog moeilijker te bestrijden dan de luizen; ze waren groter en vereisten een rechtstreekse confrontatie. Spuiten met de tuinslang zou ze niet verjagen. Er was geen roofdier dat zo vriendelijk was ze op te eten. Ik hoorde dat eenden slakken aten, maar een eend in de tuin zou wat ingewikkeld worden en zou de ongedierteoorlog op een heel ander niveau brengen. LeRoy zou op de eend jagen of erger, de eend zou op LeRoy jagen. Gray zou verveeld de andere kant op kijken, maar ze zou haar ongenoegen laten blijken door te weigeren op mijn kussen te slapen. Het kon het hele huishouden uit zijn evenwicht brengen.

Op een avond sprak ik met mijn moeder over het probleem. Ik had kunnen weten dat ze met goede raad zou komen. 'Weet je nog,' zci ze 'dat we in Texas schaaltjes bier neerzetten om de slakken weg te houden?' Ze herinnerde me eraan dat slakken gek op bier zijn (net als veel Texanen) en regelrecht in een schaaltje met bier kruipen, zich niet bewust van de in staat van ontbinding verkerende soortgenoten op de bodem van het schaaltje. 'Het is een soort redneck-oplossing voor het slakkenprobleem,' zei ze.

Dat wist ik nog. Het enige alternatief voor een bak kattenvoer overdekt met enorme zwarte slakken was een schoteltje verschaald bier met verdronken slakken erin. De aanblik en de lucht ervan kon ik vroeg in de ochtend niet verdragen. Als dat de enige methode was, waren de slakken voorlopig veilig.

Maar ik vond het leuk om advies en informatie te vergaren. Ik had geen idee dat er zoveel manieren waren om slakken te verjagen. Iedereen had zijn eigen methode. Scotts tante Barbara zei: 'O, het zoutvaatje werkt prima. Strooi 's nachts wat zout over ze heen. Maar pas op, ze gaan schuimen.' Dit had hetzelfde nadeel als het schaaltje met bier – de slijmerige, halfverteerde lijken. Trouwens, ik stond op goede voet met de buren. Ik kon Charlie en Beverly toch niet alarmeren door 's nachts in mijn badjas met een zaklantaarn in de ene en een zoutvaatje in de andere hand door de tuin te gaan lopen.

Uiteindelijk besloot ik het advies van mijn tuinboeken op te volgen, namelijk de slakken met de hand weghalen. Een rechtstreekse confrontatie. Geen zout of bier of roofdieren als tussenstap. Het zou vrouw tegen slak zijn. Dat stond me wel aan.

Ik ging 's ochtends vroeg naar buiten en pakte – voorzichtig, aarzelend – een slak bij zijn huisje op een slaplant. Hij kwam met tegenzin los en alleen doordat ik hem over het blad heen en weer schoof, gaf hij het eindelijk op. Ik hield hem vast en keek naar het kleine, grijze beestje dat zich snel in zijn huisje terugtrok. Nu moest ik bedenken wat ik ermee moest doen. De tuinboeken stelden voor erop te gaan staan, maar ik denk dat ik het gekraak van het huisje onder mijn voet niet zou kunnen verdragen. Ik wilde ook geen slijmerige lijken op mijn tuinpad. Ik liep er nerveus en onzeker de tuin mee rond. De slak begon ook onrustig te worden. Hij stak een glibberige antenne uit zijn huisje en toen nog één. Ik kon zijn lijf in het huisje voelen bewegen. Wat zou een slak doen als hij getart werd? Wat voor agressief gedrag zou hij op me loslaten? Er begon een beetje schuim uit het huisje te komen. Meer van schrik dan van iets anders gooide ik de slak op straat. Na een paar minuten kwam er een auto voorbij en kraakte hem stuk onder zijn banden.

Aha! Ik hoefde ze helemaal niet te doden. Ik kon ze op de straat gooien en een nietsvermoedende automobilist het werk voor me laten doen. Waarom hadden die tuinboeken dat niet meteen gezegd?

Ik plukte nog meer slakken en gooide ze op straat. Sommige keken heel zenuwachtig, zwaaiden wild met hun antennes en kronkelden in hun huisje. Ik begon tegen ze te praten terwijl ik ze weggooide, hopende dat ze voor rede vatbaar zouden zijn. 'Kijk,' mompelde ik tegen een grote, taaie slak, 'als je van mijn basilicum was afgebleven, had het zover niet hoeven te komen.'

Ik voelde me als de Spanjaard in *The Princess Bride*, verwikkeld in een verbale scherts tijdens het duel. Ik besloot de beroemde regel te proberen, die waarop hij zijn hele leven had gewacht om tegen zijn vijand te kunnen zeggen voor hij hem doodde. Ik plukte een laatste slak en riep luid: 'Mijn naam is Inigo Montoya. Je hebt mijn basilicum gedood. Wees bereid te sterven.' Hij zwaaide nog een laatste keer met zijn grijze antenne naar me, en ik wierp hem in het verkeer.

Hoe laat je insecten van je houden?

De allerbeste manier om de goede insecten de tuin in te lokken, is speciaal voor hen een border met kruiden en andere planten aan te leggen. Nuttige insecten prefereren planten met zeer kleine bloemen en daarom legde ik een border rond mijn moestuin aan met:

- *Dille, koriander en peterselie:* deze hebben kantachtige schermen met kleine bloemen. Vooral de gele bloemen van de dille zijn mooi en heel geschikt als opvulling van bloemstukjes.

- *Oregano:* de fraaie cultivar 'Hopley's' heeft donkerpaarse bloemen en is geschikt voor droogboeketten. Bijen zijn er gek op.

- *Kattenkruid:* de ene cultivar groeit meer rechtop en heeft roze of witte bloemen, terwijl de andere meer kruipt en blauwpaarse bloemen heeft. Deze is ook iets minder aantrekkelijk voor katten. Beide trekken veel insecten aan.

- *Boerenwormkruid:* ik plantte een exemplaar naast een artisjok en heb daar nooit een luis op gezien, dankzij de lieveheersbeestjes die het aantrekt. Een andere artisjok, iets verderop, zat onder de luis.

🌸 *Keukensalie:* krijgt kleine roze bloemen die bijen aantrekken. Geschikt voor droogboeketten. Als u hem na de bloei terugsnoeit, kan hij een tweede keer bloeien.

🌸 *Moederkruid:* deze plant is een ouderwets middel tegen hoofdpijn en heeft een kantachtig blad en kleine witte of gele pomponbloemen die allerlei nuttige insecten aantrekken.

🌸 *Wilde wortel:* wordt in de Verenigde Staten soms als onkruid beschouwd. De cultivars hebben sterkere bloemen en zijn minder kieskeurig. De witte bloemen zijn populair bij nuttige wespen en zijn een goede vulling in bloemstukjes.

🌸 *Duizendblad:* heeft bloemen in allerlei pasteltinten en is aantrekkelijk voor vlinders. Ook lieveheersbeestjes heb ik erop zien krioelen.

Bovendien strooi ik overgebleven zaden van de moestuin rond, zoals mosterd, dat nuttige insecten aantrekt als het zaad zet.

KAMERPLANTEN

*Het heeft geen zin om kamerplanten te kweken als je
geen verpleegster wilt zijn.*

KATHARINE WHITE,
Onward and Upward in de Garden, 1958

Zolang ik al buiten tuinier, tuinier ik ook binnen. Kamerplanten hadden zich al in ieder vertrek van het huis genes-
teld, bijna zonder dat ik het besefte. Ik weet niet meer hoe ze
er kwamen en ook niet of ik ze wel wilde houden.

Het duurde een aantal maanden om te bepalen wat ik ermee wilde. Ik dacht altijd dat alle tuiniers kamerplanten
hadden, dat tuiniers zo bezeten waren van alles wat groeit
dat ze zich ermee omringen en ficussen of vingerplanten
naast hun bed zetten of in de keuken of de badkamer. Alsof
we geen minuut zonder plant kunnen.

De waarheid is dat ik stiekem een hekel aan kamerplanten had. Ze verveelden me. Ze deden niets – geen bloemen,
vruchten, niets. Ze hadden allerlei kieskeurige eisen wat betreft water en licht en, niet te geloven, moesten zelfs af en toe
worden schoongemaakt. Ik stofte nog niet eens mijn boe-
kenplanken af. Waarom zou ik mijn planten afstoffen? Als
ze buiten stonden, zouden ze worden schoongespoeld door

de regen of ze zouden leren tegen een beetje vuil te kunnen.

Maandenlang kon ik niemand bekennen, ook mijzelf niet, dat ik er zo over dacht. Zodoende kreeg ik kamerplanten op de manier waarop katten bij mensen komen die allergisch voor katten zijn.

Eerst kwam de klimop. Zoals altijd. 'Hier,' zei een vriendin van me op een dag, 'neem een stekje van mijn klimop. Zet hem in het water en hij wortelt. Maar natuurlijk, je bent een tuinier, hij zal het bij jou heel goed doen.'

Verdomme, dacht ik. Maar ik deed hem in een glas water en zette hem achter in het toilet, waar hij tot mijn afkeer goed gedijde.

De andere gemakkelijk te kweken kamerplanten, zoals kamerwingerd en filodendron, volgden snel. Eén kamerwingerd stuurde een van zijn uitlopers over de wand van mijn compartiment op mijn werk en de hand van mijn collega met een schaar erin verscheen. Hij knipte de stek van de moederplant alsof hij een navelstreng doorsneed en zei: 'Voor jou!' Waarom gooide ik hem niet meteen in de prullenbak, maar zette ik hem in plaats daarvan plichtsgetrouw in een pot om hem te laten wortelen in de steriele potgrond, die ik er ook nog speciaal voor moest kopen.

Algauw had ik tientallen kamerplanten. Vraag me niet waar ze allemaal vandaan kwamen. Misschien heb ik er zelf een paar gekocht, in een soort poging mijn horizon te verbreden, om mijn verzameling te variëren. Ik had ficussen, rubberbomen en planten met nogal beledigende namen als schoonmoederstongen en wandelende jood. Planten waar ik niks om gaf. Ik had geen zin om ze water te geven. Ik had geen zin om ze mest te geven. Waarom kunnen ze niet voor zichzelf zorgen? Waarom moet ik dat doen, hun bladeren wassen, van raam tot raam verplaatsen als ze pruilen, dat doe ik niet eens voor mijn *echte* planten, die buiten staan in de echte tuin.

En de beesten! Het leek alsof ze al hun kriebelige vrienden uitnodigden zonder eerst mijn toestemming te vragen. Ik vond witte vlieg *in mijn huis.* Bladluis. Zelfs dopluis. Al die walgelijke wezens die ik in mijn tuin bestreed, vonden hun weg naar binnen. Het kan me niet schelen ze op hun eigen terrein tegemoet te treden, maar ik wist niet wat ik binnen met ze moest doen. Kon ik lieveheersbeestjes in de huiskamer loslaten? Zou Scott het erg vinden als ik de keuken met insecticide zou besproeien?

Ik kreeg genoeg van de planten en hun akelige plagen. Algauw kon ik ze niet meer zien. Ik gaf ze nauwelijks water meer en nam zeker geen tijd meer om mest voor ze te mengen. Ze werden steeds zieker en slapper. De insecten plantten zich voort. Een nieuwe generatie sloeg zijn tenten op.

Toen deed ik op een dag een hele plant met pot en al in een vuilniszak en bracht hem naar de afvalcontainer. Hij had te veel insecten om hem weg te geven, maar ik voelde toch wat schuld knagen. Ik verwachtte half en half dat de grond zich zou openen om me te verzwelgen of dat de bliksem zou inslaan omdat ik de goden van het tuinieren had vertoornd. Maar er gebeurde niets. Niemand scheen het te merken, dus zo verdwenen één voor één alle planten op deze manier.

Scott kon het niets schelen. Hij hield toch al niet erg van

kamerplanten. Van bepaalde planten kreeg hij de kriebels; akelei bijvoorbeeld, met zijn lange sporen die hem aan duivelshoorntjes deden denken. Ik wilde voor hem niet de akelei wegdoen, want hij kreeg mooie, sierlijke bloemen. Maar de chlorofytum mocht wel weg; daar had hij een hekel aan om ongeveer dezelfde reden als aan de akelei. 'Ze lijken op een of andere buitenaardse soort,' zei hij, 'die hier is geland en zijn nakomelingen van het schip stuurt.'

Een kamerplantenvrij huis was mijn doel, maar het was moeilijk, doordat ze net zo snel binnenkwamen als ik ze eruit gooide. Mijn tante bracht een klimopstek helemaal van Mammy in Texas mee, en ik kon niet weigeren. We hadden ook twee ficusboompjes die ik wilde houden.

En op een dag kwam ik thuis met een orchidee, iets elegants en bijzonders, iets dat een beetje kundigheid en handigheid vergde om te groeien. Hij had roze bloemen die sierlijk aan een lange steel bungelden en een bosje bescheiden bladeren aan de voet. Orchideeën kunnen wel, dacht ik. Zelfs Scott was geïnteresseerd, want als verzamelaar was hij geïnteresseerd in alle zeldzame en ongewone dingen die mensen verzamelen. Orchideeën leken heel geschikte kamerplanten voor een tuinier en een boekenverzamelaar. Natuurlijk begonnen mensen direct orchideeën aan me te geven, zodra ze wisten dat ik er eentje had.

Na een tijdje had ik een kleine verzameling, alle op schaaltjes met knikkers en water op de bodem om een vochtige atmosfeer om ze heen te creëren. Ze bloeiden en gingen vervolgens in rust en bloeiden opnieuw. Ze groeiden op schors. Ze wilden niet op de gewone manier water, maar moesten naar de gootsteen worden gebracht om het water over hun wortels te laten lopen, net als in het regenwoud waar ze hoog in de bomen groeiden en op de middagregens wachtten. Het waren net studenten van een uitwisselingsprogramma, met veel interessantere gewoonten en keukens dan de morsige Amerikaanse tieners die ik eerder als kamerplant had gehad. Ik dribbelde om ze heen, bracht ze naar de aanrecht voor een tropische regenbui, kocht speciaal orchideeënvoedsel, zette ze op nieuwe schors en verplaatste ze van raam tot raam als ik dacht dat ze het te warm of te koud kregen. Voorzover ik weet hadden ze geen idee van wat er was gebeurd met de kamerplanten die hier eerder hadden gestaan. Ik hoopte dat ze er niet achter kwamen. Ik maakte een nieuwe start. Ik vond het leuk om ze te verzorgen en tot zover waren zij blij hier te zijn.

Orchideeën zijn de moeite waard

Orchideeën hebben hun reputatie dat ze moeilijk te kweken zijn, niet verdiend. Toen Britse verzamelaars expedities begonnen te financieren om orchideeën in de regenwouden van Zuid-Amerika te verzamelen, wisten ze nog niet genoeg over hun specifieke groeiomstandigheden om ze in leven te houden. Veel orchideeën gingen dan ook dood, terwijl de verzamelaars met groeimiddel, temperatuur en vochtigheid aan het knoeien waren. In de Victoriaanse tijd werd er zelfs een apparaat gemaakt dat orchideeën in een vat water dompelde.

Tegenwoordig zijn de voorkeuren van orchideeën beter bekend en vrijwel iedereen kan wel een paar orchideeën in leven houden. *Phalaenopsis* en *Cymbidium* zijn populaire soorten die geschikt zijn als kamerplant.

Om te beginnen groeien orchideeën op schors, niet in het water. Ze zijn gewend hoog in de bomen te groeien en te profiteren van de voedingsstoffen die met het regenwater langs de boom druppelen. Om deze omstandigheden na te bootsen, worden orchideeën verkocht in snel drogende bakjes met orchideeënschors, die weinig water opnemen en de rest laten weglopen. Als de plant lang in de pot heeft gestaan, kan de schors zijn vergaan tot iets wat meer op aarde lijkt; in dat geval moet hij worden verplant.

Mensen denken bij orchideeën aan warme, dampende kassen en vragen zich af hoe ze in een gewone huiskamer kunnen overleven. U kunt wat vochtigheid bieden door de planten in schalen met keitjes te zetten met water op de bodem. Orchideeën hebben maar weinig mest nodig. U kunt orchideeën twee of drie keer per week in de gootsteen zetten en water over de wortels laten stromen. Eens in de veertien dagen gebruikt u verdunde kamerplantenmest in plaats van gewoon water. Laat ze na het bad nog een halfuur in de gootsteen staan en herhaal het, totdat de schors voldoende water heeft opgenomen.

Orchideeën stellen verschillende eisen aan licht en temperatuur. De meeste houden van veel indirect licht en een temperatuur die 's nachts een stuk lager is dan overdag. Sommige willen graag een droog, koel seizoen en een rustperiode.

EEN PAD BANEN

*Een beetje bestudeerde verwaarlozing
staat een tuin wel.*

ELEANOR PERÉNYI, Green Thoughts, 1981

Toen we een keer op vakantie waren in Brits-Columbia (Canada), gingen Scott en ik naar de Butchart Gardens, een wereldberoemde siertuin. We arriveerden met een buslading toeristen en werden door 'Fifty Acres of Floral Finery' gedreven: gemanicuurde gazons, perken met vrolijke eenjarigen en formele borders, allemaal in perfecte symmetrie in de lente aangelegd om de volgende winter weer te worden vervangen. Er was geen onkruid te zien en geen bloem mocht spontaan in het naburige bed opduiken. Alles wat niet in de planning paste, werd uitgerukt of weggesnoeid voordat in de ochtend de bussen arriveerden.

We wandelden een paar uur over de gemarkeerde paden. Ik deed net of ik geïnteresseerd was in de rijen viooltjes, vlijtig-liesjes en dwergdahlia's die de tuin overdekten. We hadden immers drie uur gereisd per bus, boot en taxi om deze populaire toeristenbestemming te bereiken. Maar ik moest uiteindelijk toch toegeven dat Butchart Gardens het voor mij niet was. Ik verlangde naar de diversiteit en wanorde van het wilde. Ik voelde me in deze showtuin niet dichter bij de natuur, integendeel, ik had het gevoel dat ik mijn middag had besteed aan het wandelen door een zeer steriel, goed vormgegeven themapark of winkelcentrum. Ik verwachtte steeds dat personeel in krijtstreeppak zou verschijnen om zaden en bladeren die op het pad waren gevallen weer te verwijderen.

Mijn eigen tuin zag er heel anders uit. In juli was hij wat wild en slonzig geworden. Voor sommigen was dat juist de charme, maar voor anderen zag hij er misschien verwaarloosd uit. Mijn voorkeur ging uit naar de eerste visie. Toch was ik bang enigszins als tuinier tekort te zijn geschoten. Ik was onvoorzichtig en ongeduldig. De routineklussen zoals wieden, tomaten dieven en geraniums verpotten verveelden me. De opwinding een lege tuin te beplanten, was begonnen te betijen, en in plaats daarvan moest ik voor deze janboel van planten zorgen.

Ik vergat mijn planten op te binden en de zonnebloemen leunden steeds verder naar rechts (altijd naar rechts, ik weet niet waarom) totdat de stengels één voor één knakten en de bloemhoofden op de grond kwamen te liggen. Ik had een paar planten te dicht bij elkaar gezet en ze concurreerden om ruimte als kinderen in het achterzitje, vochten om de zonnigste plek en schopten onder de grond naar elkanders wortels. Na een tijdje begonnen ze er zwak en ziekelijk uit te zien. Ook liet ik een paar stukken geheel onbeplant, om zelfs voor mijzelf onduidelijke redenen. De halve zijtuin lag bijvoorbeeld in de schaduw en iedere keer als ik naar de afdeling schaduwplanten van San Lorenzo ging, raakte ik verveeld en afgeleid en ging terug naar de zonminnende soorten. Uiteindelijk gaf ik het op en liet ik de bramen het overnemen in de schaduw, een vreemd gedrag, want zonder zon hadden ze geen enkele kans om vruchten te produceren.

Ik probeerde mezelf ervan te overtuigen dat deze wanorde in de bloembedden eigenlijk goed was. Ik was boeken aan het verzamelen over cottagetuinen, en ik wist vrij zeker dat mijn tuin zo'n exemplaar was. Een mengsel van grote, bloeiende eenjarigen en meerjarigen, alles door elkaar, slechts vluchtig verzorgd. Een bloementuin moest meer zijn dan een industrieel ontwerp, zeiden de boeken, meer dan een twee meter hoog kleurentapijt dat wordt bemest en vertroeteld tot het een kort, hevig seizoen lang bloeit. Een beetje wildheid is essentieel in een bloementuin. Er moesten verwilderde struiken staan en meerjarigen in rust die groen mochten blijven en slapen. Als je te veel probeert te regelen, wordt het nooit wat je wilt. Laat het verwilderen waar het kan, adviseerden de boeken. Als het er slonzig uitzag, nou dan was het misschien wel zo bedoeld.

Dit soort advies sprak me wel aan. Laat maar los. Stuur niet te veel. De lieveheersbeestjes en de vlinders leek het niets te kunnen schelen, dus waarom mij wel? Na een tijdje kon ik erg genieten van deze relaxte benadering. Ik ontwikkelde een zeer Santa Cruz-, new age-achtige stijl. Ik was *in harmonie* met de tuin. *Hij* zou *mij* vertellen wat ik moest doen.

Ik kon deze benadering testen toen ik op een avond van mijn werk thuiskwam, een uur voordat Scott en ik voor een paar dagen naar San Francisco zouden gaan. De toeristen waren ons uiteindelijk te veel geworden; we gingen naar een groot hotel waar we zelf een paar dagen toerist konden zijn en van de grote stad konden genieten, met een toneelstuk in de theaterbuurt en een restaurant waar iets formelers dan sandalen werd vereist. Het kostte me maar vijf minuten om me klaar te maken voor de trip: pak een weekendtas in, zet wat eten buiten voor de katten, was de overgebleven vaat in de gootsteen. Ik scharrelde snel wat in de keuken en keek met een half oog naar het nieuws. Ik dacht niet aan de tuin tot ik mijn tas bij de deur neerzette en mijn oog viel op vier sixpacks cosmeazaailingen op de veranda, al uitgegroeid en geworteld. Ik had ze een week eerder gekocht en was vergeten ze te planten. Als ik ze het hele weekeinde buiten zou laten, zouden ze verwelken in de zomerhitte. Ik moest ze meteen in de grond zetten, voor we vertrokken.

Het duurde nog maar een kwartier eer Scott zou thuiskomen en we moesten vertrekken. Ik ging naar buiten met de zaailingen en stopte. Waar moest ik ze planten? De bloembedden waren vol, te vol voor nog meer zaailingen. Ik had ze niet gekocht met een bepaalde plaats in gedachten, maar om ze in de grond te zetten waar ik maar een plek vond.

Ik was helemaal de kluts kwijt. Ik wist eerst niet waarom. Ik kon een rij sla in tien minuten in de grond stoppen als ik haast had. Trek met de schep een lijntje over de grond, maak een rij gaten en doe de zaailingen erin. Het is een mechanische handeling waarbij je niet hoeft na te denken en als de grond al klaar is en er een lege rij wacht, kost het helemaal geen tijd. Maar dit was anders. Die Picotee-cosmea hoorden niet in een rechte lijn in de moestuin. Het waren wild uitziende planten die wel anderhalve meter hoog zouden worden en de lucht zouden vullen met zonnige bloembladeren en kantachtig blad. Ik dacht aan het advies van mijn cottagetuinboeken, namelijk planten de vrije teugel geven. Ik kon ze niet zeggen waar ze moesten staan. Ze zouden mij moeten vertellen waar ik ze moest planten.

Ik keerde een sixpack om en liet een zaailing in mijn hand vallen. Ik schudde de aarde van de wortelkluit en liep langzaam door de tuin, op zoek naar de perfecte plek. Toen hoorde ik een stem: *Hier, naast de patio*, fluisterde de zaailing. *En zet er nog twee of drie naast me.*

Ik kan nu wel zeggen dat de planten niet rechtstreeks tot me spraken. Er was geen *echte* stem die opdrachten gaf. Het was meer een instinct, een soort trilling in mijn darmen die sterker werd als ik dichter bij de goede plek kwam. Als een wichelroede. Ik ben gaan geloven dat de meeste tuiniers er eentje hebben, hoewel we het er niet over hebben en het onderwerp voorzover ik weet niet in enig tuinboek wordt behandeld. Dit instinctieve gevoel voor waar iets moet worden geplant, blijft stil tijdens het plannen, de namiddagen doorgebracht met ruitjespapier en kleurpotloden. Het zit er rustig bij terwijl ik op licht- en waterbehoeften, gezelschapsbeplanting en bodemtypen studeer. Het laat uitgebreid onderzoek over hoogte en kleur zonder te storen toe. Maar terwijl ik in de tuin stond met een zaailing in de hand, schraapte het zijn keel en sprak. *Plant ons niet zomaar allemaal in de hoek*, zei het. *Verspreid er een paar aan de voorkant. Zet mij hier in de kruidentuin.* Ik luisterde naar het stemmetje en deed wat het me zei. Wat kon ik anders doen?

Die planten mogen tenslotte best iets te zeggen hebben over waar ze komen te staan. Zíj moesten hier overleven, niet ik.

Mijn overgrootmoeder Mammy zou niet verbaasd zijn geweest te horen dat mijn zaailingen tegen me praatten. Ze stond op vertrouwelijke voet met de bewoners van haar eigen tuin en wist meteen wie er op zijn plek stond en wie zich ondergeschoven voelde. 'Ga rechtop staan,' zei ze een keer tegen een viooltje bij haar voorgalerij, terwijl ze langs de bloemen veegde alsof ze ze onder de kin kietelde. 'Je bent net als je broertjes, altijd krom staan.'

Mijn moeder zou het ook begrijpen. Ze had haar eigen intieme relatie met haar kamerplanten, die ze in onze zonnige huiskamer met zachte hand tot gedijen dwong en waar ze dankbaar tegen mompelde als ze meewerkten. Ze nam mijn broer en mij eens mee naar New Mexico, waar we door de bergen reden met haar vriend Linden. Hij keek in zijn achteruitspiegel om me nog net naar een veld met wilde bloemen te zien wuiven. 'O jee,' zei hij, 'ze seint naar de bloemen. Ze is precies haar moeder.'

Nu, terwijl ik in de tuin stond, wist ik dat Scott ieder moment kon thuiskomen. Ik had nog een paar minuten, maar dit werk kon niet worden afgeraffeld. Iedere plant moest op zijn eigen plek staan. Ik liep naar de voorgalerij om er eentje in een bak te zetten en terug naar de moestuin om de laatste achter de tomaten te planten, waar, zei hij, hij de enige roze bloem in een rij felgele zonnebloemen zou zijn.

Dus probeerden de planten en ik zo goed mogelijk met elkaar op te schieten. Ik volgde meestal hun instructies. Ik probeerde onkruid te wieden en dode zaadhulzen weg te plukken, maar verder weerstond ik iedere verleiding om op te ruimen, te organiseren, om een soort orde op te leggen. Het zag er goed uit – een beetje ongeordend, maar goed.

De moestuin was een heel andere zaak. Deze leed aan hetzelfde gebrek aan structuur, alleen erger. Het begon heel aardig, een vierkante lap omgewerkte grond met zaailingen in rechte rijen. Toen ik uit zaad begon te kweken, merkte ik dat de zaden gingen zwerven en rijen verder opkwamen. De rijen begonnen algauw samen te smelten, zodat ik nog maar één grote aanplant had. Hij was zelfs niet eens meer vierkant. Als ik rijen toevoegde, leken ze onder een hoek te staan, tot ik een groot trapezium had dat onhandig in de ruimte tussen Charlies hek en de citroenboom lag.

Ik geneerde me voor de aanblik van mijn moestuin – alsof een echte tuin, zo eentje met kleurenschema's en geometrische patronen, vanuit een helikopter in mijn achtertuin was gegooid. Ik maakte me zorgen over de met onverzorgde zaailingen beplante mismaakte heuvels, de overwoekerde, ongelijke borders rond het bed. Het zag er onbetrouwbaar, onbemind uit. Hoe kon iemand iets willen eten dat op zo'n troep groeide?

Ik keerde terug naar mijn tuinboeken. Ze hadden allemaal een deel over de *potager*, een soort moestuin, afgeleid van het Franse *potage* voor soep. Een potager is per definitie een menselijke schepping, vertelde het boek me. Het succes ervan hangt af van de vaardigheid van de tuinier. De geteelde groente is vaak niet uit het wild of een bepaalde streek afkomstig, maar het product van eeuwen zorgvuldige verzorging en vermeerdering en heeft veel aandacht en toewijding nodig. Een moestuin moest netjes en ordelijk zijn, een teken dat hij goed gepland is en goed wordt verzorgd. Hij moet eruitzien alsof hij door een verstandig mens wordt onderhouden. Er moet een omheining om en een pad doorheen. Dit geeft evenwicht in de tuin, zeiden de boeken, de keurige rijtjes groente, omringd door de wilde, opzichtige bloembedden.

Volgens de boeken zou een beetje organisatie veel helpen. Ik besloot daarom dat het tijd voor verandering was. De moestuin was toch al te klein; ik had plannen voor een grote uitbreiding volgend jaar. Ik kon de basis al leggen, op het hoogtepunt van de zomer; ik kon de bedden omwerken en een pad aanleggen. De groente die ik al had geplant, kon blijven waar hij was, ik werkte er wel omheen. Hij had genoeg ruimte om te groeien en in de lente kon ik opnieuw beginnen met twee- of driemaal zoveel groente.

Maar eerst moest ik een goed ontwerp vinden. Er bleken enorm veel manieren te zijn om een rechthoekige moestuin te ontwerpen. Je kon rechte rijtjes maken, verticaal of horizontaal. Dat idee verwierp ik meteen, gezien mijn moeite met het recht houden van rijtjes. Ik wilde wél iets geometrisch, om te bewijzen dat ik best een keurige, goed georganiseerde tuin kon plannen.

Kleine vierkante bedden in een schaakbordpatroon waren een andere voor de hand liggende keus. Je kon er bij het werk gemakkelijk overheen leunen en in ieder vierkantje kon je groente planten in korte rijtjes of een ruitpatroon of, bij pompoenen of artisjokken, je kon één plant in het midden zetten met kleinere groente of kruiden eromheen. Vierkante bedden maakten ook wisselteelt gemakkelijk, en dat was belangrijk, volgens de tuinboeken die zich op mijn nachtkastje opstapelden. Planten als tomaten mogen niet tweemaal op dezelfde plaats staan, want dan zouden zich ziekten in de grond verzamelen; er moet een lange rustperiode zitten tussen de jaren waarin je het gewas plant. Als je het ene jaar tomaten of paprika's plantte, kon je er het volgende jaar bonen planten en maïs of pompoen het jaar daarna. Een ruitpatroon maakt dit gemakkelijker – ieder jaar schuif je gewoon een vakje op. Dat leek me echter te ordelijk, te militair. De gedachte aan die kleine vierkantjes maakte me zenuwachtig. Stel dat ik vergat in welke richting ik roteerde en ze per ongeluk in het vak van vorig jaar plantte.

De verdere ontwerpmogelijkheden waren alleen maar ingewikkelder. Sinds de Middeleeuwen hadden de Fransen groente geplant in doolhoven van driehoeken en ruiten en halve cirkels of *parterres*. De kleine, vreemd gevormde bedden waren gemakkelijker te wieden en er kon dichter op elkaar in worden geplant dan in een traditioneel vierkant bed. De bedden werden omringd door een gesnoeide buxus- of lavendelhaag en erdoorheen liepen paden van klinkers in een visgraatverband. Deze ontwerpen waren oorspronkelijk populair voor sierheesters en bloemplanten, maar in 1914, geconfronteerd met de realiteit van een land in oorlog, beplantten de tuiniers van het Château de Villandry in Frankrijk hun formele parterre met groente. Nederige kolen en pompoenen werden in de elegante tuin van het kasteel tot een vorm van kunst verheven, waar rode kool werd gecombineerd met blauwe prei voor het kleurcontrast, pompoenen genoeglijk binnen een buxushaag groeiden en rode pronkbonen tegen het barokke hekwerk op klommen. Door dit voorbeeld werd de opvatting van de groentetuin als sierelement populairder.

Het zal geen verrassing zijn dat deze formele tuinen een paar praktische problemen met zich meebrengen. Als de groente heel nauwkeurig volgens ontwerp wordt aangeplant, bijvoorbeeld een bed met afwisselend rode en groene sla, of een ruitvormig stuk met kool, omringd door krulpeterselie, zou oogsten een aanzienlijke verstoring betekenen. Zelfs een hongerige tuinier zou slechts met moeite een rijtje bietjes rooien als dat het ontwerp in de war zou gooien. Sommige mensen omzeilden dit probleem door ook de andere groente te oogsten. Maar ik vraag me af wat er gebeurt als de kolen niet allemaal tegelijk groot worden en degene die aan de beurt is nog te klein is en de andere die later aan de beurt zijn al moeten worden geoogst?

Een manier om dit te omzeilen is ergens uit het zicht een 'werkbed' aan te leggen, vol met zaailingen die kunnen worden geplant als een rijpe groente is geoogst. Als je een ui wilt, kun je die pakken, maar zijn plaats moet worden ingenomen door een zaailing uit het werkbed. Ik zag algauw in dat ik spoedig alleen nog maar direct uit het werkbed zou oogsten en het sierbed onaangeroerd laten.

Hoe belachelijk zo'n showtuin mag lijken, ik bleef toch in ontwerpboeken naar ideeën zoeken. Er was vast wel iets wat ik aan mijn tuintje kon aanpassen. Bogen en tunnels bijvoorbeeld werden veel in siertuinen toegepast. Ik kon een bamboeboog als ingang maken en de stokbonen ertegen op laten klimmen. Of ik kon het ontwerp rond een centrale, opvallende plant bouwen, zoals een grote artisjok of een klein fruitboompje. Alles leek mogelijk, terwijl ik door de glossy bladzijden bladerde. Ik was vooral weg van een kleine, ongelooflijk ingewikkelde moestuin met een formele, geometrische kruidentuin. Dat kon ik op kleinere schaal ook doen, dacht ik. Toen sloeg ik de bladzijde om en bleek dat ik naar een plaatje van Versailles keek.

Dan maar niet. Ik ging naar buiten, naar mijn toekomstige groentebed. Het had zo groot geleken, maar als ik naar de Franse landgoederen keek leek mijn eigen tuintje belachelijk klein. Van een parterre zou hier geen sprake kunnen zijn.

Ten slotte besloot ik tot een eenvoudig, maar elegant ontwerp: vier driehoeken die in het midden bijeenkwamen, gevormd door een groot x-vormig pad. Het was een goed ontwerp, gemakkelijk te onderhouden, maar interessant genoeg om te laten zien dat erover was nagedacht. De bedden zouden groot genoeg zijn voor verschillende groenten per bed en er zou genoeg plek zijn voor permanente gewassen als artisjokken en asperges.

Nu moest ik beslissen hoe ik de paden moest maken. Ik had baksteen en steen verworpen: ik vond ze te formeel en te permanent voor een huurhuis. In één boek werden graspaden aanbevolen, maar ik had geen geduld om gras te laten groeien, en ik wilde het ook niet moeten begieten. Ik wilde iets eenvoudigs en goedkoops dat het onkruid beperkt zou houden en er netjes uitzag. Rijstestro leek me een goede keus. Het zou de tuin een rustiek tintje geven, alsof ik net de paarden had verzorgd, en ik besloot een extra baal te nemen als mulch. De mensen zouden mijn tuin zien met zijn keurige rijtjes groente en paden met stro en denken: 'Dit is het werk van een serieuze tuinier!'

Een baal rijstestro kostte ongeveer vijf dollar en paste precies in mijn laadbak. Ik strooide het over de pasgemaakte paden en hield nog meer dan een halve baal over. Toen ik klaar was, kwam Scott naar buiten en bewonderde de veranderingen. Het frisse gele stro maakte een heel verschil. Net zoals ik er in was geslaagd de bloementuin een beetje te laten verwilderen, was het me gelukt een beetje meer orde in de groentebedden te brengen. Ze vormden een goede balans aan beide einden van de tuin, met de fruitbomen ertussenin. Ik sleepte de rest van het stro naar de garage, waar het een heerlijke lucht verspreidde die me aan boerenschuren deed denken. Ik had een eigen stadsboerderij, met zomergroente die stond te volgroeien, een schuur met stro en schoppen en harken en daartussenin, in de bloembedden een beetje wildernis.

Het ultieme ontwerp

Ik heb het idee van een formele Franse parterre nog niet opgegeven. Het voelt een beetje als ontrouw om over een exotische en schitterende nieuwe tuin te dromen, terwijl ik in mijn eigen tuintje sta te werken. Hoe kun je? Hoor ik de grond protesteren. *Na alles wat we hebben meegemaakt? Ben ik niet goed genoeg meer?*

Dus houd ik mijn gedachten voor me en hoop dat de tuin ze niet kan lezen. Ik droom van ontwerpen die ik op een dag kan gebruiken: Japanse familiewapens, Keltische knopen, quilts en glas-in-loodramen, alles wat ingewikkeld en geometrisch was kon als beplantingsschema dienen. Ik kies krankzinnige kleurencombinaties voor ieder bed, zoals witte snijbiet met aubergines, rode sla met oranje guldenroede en rodekool met blauwe lobelia. Grote planten als stokbonen en tomaten staan in eilandjes in het midden en leiden de blik omhoog, waar hij de zonnebloemen en de stokroos aan de rand ontmoet.

Hier volgen een paar ontwerptips die ik heb verzameld:

🌺 Zet het ontwerp met touw en stokken in de tuin uit. Gebruik een liniaal en markeer zorgvuldig de afstand tussen de planten.

🌺 Gebruik eetbare bloemen en eenjarige kruiden om een visueel kader rond ieder bed te maken. Roze bieslook, Johnny jump-ups en krulpeterselie zijn een goede keus.

🌺 Iedere tuin heeft de neiging te verwilderen. Gebruik verschillende materiaalsoorten voor uw paden om extra structuur te geven. Een visgraatpatroon of een eenvoudig pad van betontegels accentueert het ontwerp.

❦ Benadruk het hoogteaspect van de tuin met lattenhek-ken, kleine fruitboompjes of groepjes grote planten zoals maïs. Zet ze op gelijke afstanden van elkaar om het geheel wat formeler te doen ogen.

❦ Houd rekening met de rijpingstijd van de planten, zodat niet alles tegelijk moet worden geoogst en het ontwerp in de war gooit. Rode sla en maïs zijn bijvoorbeeld een goede combinatie omdat de sla allang is geplukt als de maïs rijp is. U kunt zelfs een krop sla oogsten en er een warmteminnende basilicum voor in de plaats zetten terwijl de maïs nog groeit.

EERSTE BEZOEKER

Mijn tuin heeft bezoek gehad van een Hoge Officiële Persoon. President Grant was hier vlak voor de Vierde... Ik dacht erover 'Welkom aan de Tuinier der Natie' boven de poort te zetten, maar ik heb een hekel aan onzin. Ik ging zaterdag ijverig aan het schoffelen: het onkruid dat ik niet kon verwijderen, begroef ik, zodat alles er goed zou uitzien. De borders waren gesnoeid en alles wat het Oog van de Grote kon mishagen, was haastig weggehaald.

CHARLES DUDLEY WARNER,
My Summer in a Garden, 1870

Tot dusverre waren er nauwelijks bezoekers in mijn tuin geweest. Mijn ouders zijn inmiddels twee of drie keer op bezoek geweest en volgden me door de tuin en bewonderden mijn werk. Ze keken enthousiast naar de zonnebloemen en gluurden met opgetrokken wenkbrauwen in de wormenbak. Ik zorgde ervoor dat ik ze iets te bieden had als ze kwamen: een boeket bloemen, een schotel gegrilde pompoen. Ik bood ze deze schatten met trots aan en op hun beurt spraken ze lovende woorden.

Maar ze waren *familie*. Ze vonden alles mooi wat ik deed.

Pas toen mijn vriendin Annette uit Albuquerque belde dat ze kwam, besefte ik wat een intens persoonlijke prestatie een tuin kon zijn, hoe gemakkelijk het kon tegenvallen en hoe verslagen ik zou zijn als ik tekortschoot.

Eerst lukte het me bijna het uit haar hoofd te praten. 'Waar wil je heen als je hier bent?' vroeg ik Annette toen ze belde. 'Wat dacht je van de wijnstreek? We kunnen naar Sonoma gaan.'

'Nou, dat lijkt me leuk,' zei ze. 'Maar ik wil vooral zien hoe je woont. Ik wil vooral die tuin zien waar ik zoveel over heb gehoord.'

Ze wilde van de andere kant van het land komen om mijn tuin te zien? Misschien had ik een beetje te veel opgeschept in mijn brieven aan haar. Ik had haar verteld over de kruiden en groente die ik had geplant en alle soorten bloemplanten en ze allemaal opgesomd: basilicum, oregano, tijm en rozemarijn. Papaver, goudsbloem, pronkerwt, zonnebloemen. Het klonk waarschijnlijk indrukwekkender op papier dan het in werkelijkheid was. Misschien was dit mijn fout. Had ik het wat mooier gemaakt, omdat ik niks anders had om over te pochen? Misschien wel.

Toen ik de hoorn had neergelegd, ging ik in de tuin werken en probeerde hem te zien door het oog van een ander. Ik had het leuk willen maken voor de toeristen, maar opeens was er één toerist wier mening belangrijker was dan die van alle andere bij elkaar. Terwijl ik erover nadacht, ving ik de weerspiegeling op van mezelf in het raam van de bijkeuken, een vaag beeld van mezelf in mijn tuin. Het was niet fraai. Ik droeg een oude broek en een t-shirt met onuitwisbare mestvlekken. Ik had een zeer oncharmant baseballpetje van de Texas Longhorns op tegen de zon. Vuil zat onder mijn vingernagels en in mijn schoenen zat voldoende compost om de halve tuin te bemesten. Zonder duidelijk doel had ik een nogal woest uitziende halfverroeste snoeischaar bij me. Ik zag er niet uit. Maar ik maakte me niet de meeste zorgen over *mijn* uiterlijk, maar over dat van de tuin.

Terwijl ik het vuil uit mijn oren peuterde en mijn pet verzette, keek ik peinzend over mijn omgeving met het oog van een tienermeisje dat zojuist haar spiegelbeeld in de spiegel van de klerenkast had gezien. Mijn schildzaad was oud en rommelig. Ik zou hem met tak en wortel moeten uittrekken, dacht ik. De sla was bedekt met gênante vlekken. De composthoop begon weer vreemd te ruiken en mijn tomaten waren belachelijk klein, veel kleiner dan die van ieder ander.

Annettes bezoek dwong me kritisch naar mijn tuin te kijken. Er was bijvoorbeeld een kale plek bij de trap aan de voorkant, waar door onbekende oorzaken alles doodging wat ik plantte. Ik had het al maanden opgegeven, nadat ik nieuwe grond had geprobeerd en van alles had geplant, van kleine sierplantjes tot gemakkelijke margrieten, ik had er wildebloemenzaad gestrooid en had er zelfs een riant woekerende bodembedekker geprobeerd, die het tuincentrum me uit het hoofd had willen praten omdat hij alles zou overnemen. Niets hield het er langer dan een paar weken uit en ik kwam er nooit achter hoe dat kwam. Na een tijdje vulde ik in gedachten de plek in met alles wat ik er graag had willen hebben: bloedrode penstemon de ene week, fragiele juffertje-in-het-groen de volgende. Mijn tuin zat vol denkbeeldige correcties, luchtspiegelingen, planten die ik niet zag zoals ze waren, maar zoals ik me voorstelde hoe ze er over een jaar of twee zouden uitzien, als de tuin klaar zou zijn. Hoe zag deze plek er in werkelijkheid uit? Ik kende hem zo goed dat ik het niet meer zag.

Mijn verwachtingen waren zo hooggespannen toen we in dit huis kwamen wonen. Ik stelde me de tuin in soft-focus voor, een droomtuin bij het droomhuis waarin we woonden. Ik bladerde door de tuintijdschriften en zette een denkbeeldige tuin in elkaar met de plaatjes die ik erin vond. Komkommers die in een zelfgemaakt traliewerk klommen. Bloembakken die overstroomden met blauwe lobelia's. Een hele tuin gewijd aan nachtbloeiers, met een smeedijzeren bank in het midden waar Scott en ik onder de sterren zouden zitten. Deze tuin bestond al in mijn verbeelding en na verloop van tijd zou deze werkelijkheid worden. Het probleem was alleen dat dit nog niet was gebeurd.

Annette zou niet onder de indruk zijn van mijn denkbeeldige tuin; ik moest iets met de echte doen. Misschien kon ik wat meer planten neerzetten en proberen de zaak wat op te vrolijken. Ik reed naar San Lorenzo om te zien wat ik kon vinden. Ik had maar een paar weken voor haar bezoek, dus wat ik kocht moest al volgroeid zijn en bloeien, klaar om indruk te maken in mijn tuin. Dit beperkte mijn keus. Niet een van de halfverwelkte planten met een enorm potentieel maar met een korte levensduur in de rekken kwam in aanmerking, evenmin als de dertig centimeter hoge meerjarigen die prachtige, anderhalve meter hoge bloeiende heesters zouden worden. Nee, ik moest iets hebben dat meteen de grond in kon en er prachtig uitzag.

Instant. Dat was het woord. Ik liep steeds terug naar de afdeling 'Instantkleur' met de rijen bloeiende eenjarigen die ik altijd had genegeerd. Ik had al lang geleden besloten dat ik geen instanttuinier was. Deze keer vond ik mij echter hulpeloos naar de viooltjes en de goudsbloemen getrokken, de vrolijke, betrouwbare bloeiers, de eenjarigen die de tuincentra in het land overeind hielden, twee dollar per stuk. Ik had ze nooit gewild, maar nu had ik een probleem waar zij de oplossing voor waren. Ik had lege plekken, en had kleur nodig. Ik keek of de biologische tuiniers achterin me niet zagen. Ik wilde niet dat ze mij mijn auto zagen inladen met ordinaire viooltjes of, nog erger, petunia's.

Want dat is wat ik deed. Ik werd zelfs een beetje gek; ze waren net snoepgoed, moeilijk te weerstaan als je eenmaal bent begonnen. Ik kocht vlijtig-liesjes en viooltjes, bloeiende bodembedekkers en – ik schaam me bijna – een stuk of tien bloeiende eenjarigen als duifkruid en cosmea. Nooit had ik gedacht dat ik zo diep zou zinken dat ik vijf dollar zou uitgeven aan iets wat zo gemakkelijk uit zaad groeit dat het bijna onkruid is. Maar ze zagen er goed uit, misschien te goed voor iets dat de schijn moest wekken in mijn tuin te zijn opgegroeid. Ik was bang dat ik had toegegeven aan het tuinequivalent van de bh met vulling – niet echt van mij, maar voor een paar dollar kon ik doen alsof ze van mij waren en niemand zou het verschil zien.

Toen ik thuiskwam, zette ik de planten snel in de grond, nauwelijks de moeite nemend de grond om te werken of de beste plaats te bedenken. Ik leek in mijn oude zonden te vervallen. Ik had resultaat nodig, en wel snel. Ik maakte me niet druk over de lange termijn. Ze mochten wat mij betreft meteen verwelken en sterven, direct na Annettes bezoek. Het waren stand-ins, gastarbeiders. Ze doen hun werk en ik kijk niet meer naar ze om.

De eenjarigen namen hun plaats in tussen mijn andere planten, die daarbij vergeleken er een beetje saai uitzagen. Ik ging naar binnen en rommelde rond tot ik een oud flesje met die vreselijke blauwe kunstmest vond die ik vroeger aan mijn kamerplanten gaf. Zou de tuin het erg vinden als ik hem een paar shots anorganisch voedsel gaf? Ik denk dat ik er geen kwaad mee deed, me afvragend of ik een slechte moeder was omdat ik ze junkfood gaf nadat ik zo hard had gewerkt om ze met gezonde, evenwichtige voeding op te laten groeien.

De tuin werd er niet beter van. De viooltjes en petunia's zagen er stom uit, fout, misplaatst. Ze gaven mijn delicate tuin de aanblik alsof hij te veel make-up gebruikte. Ik wist niet of mijn haastige verbeteringen enig goed hadden gedaan. Wat dacht ik nou, belachelijke viooltjes planten en chemische mest erover sproeien? Was ik gek geworden?

Waarom was het zo belangrijk dat mijn tuin er perfect uitzag, als in een tijdschrift, als iemands fantasietuin? Ik denk dat ik het nog steeds niet kon geloven dat iemand van de andere kant van het land zou komen vliegen en met de keus tussen San Francisco, de wijnstreek, en mijn tuin, mijn slordige lapje grond bij de zee zou bezoeken.

Alles was klaar voor de komst van Annette. De tuin en ik waren gebrouilleerd; hij bleef zijn eigen natuurlijke zelf en ik bleef toegeven aan de drang tot verbetering, ik bleef meer viooltjes neerzetten en meer van het blauwe spul rondstrooien. Op de ochtend van haar komst rende ik in de tuin rond en trok onkruid uit, rukte dode bloemen van hun steel en fluisterde tegen de planten alsof het de kinderen van Von Trapp waren die hun nieuwe stiefmoeder zouden ontmoeten.

Terwijl ik langs de kust reed om Annette op te halen, besefte ik dat ik niet zeker wist of ik haar zou herkennen of zij mij. We kenden elkaar van school, maar we hadden elkaar al negen jaar niet meer gezien. Ze was bezig te promoveren in de psychologie; ik was bezig met – nou ja, een tuin aan te leggen die de pest aan me had. Al dit getob had me afgeleid van het feit dat ik een oude vriendin zou ontmoeten, mijn leven in haar ogen weerspiegeld zou zien, deze persoon die me had gekend toen ik jong was en dromerig en vol plannen zat die ik nooit zou uitvoeren. Wat zou ze nog weten over wat ik had gezegd hoe mijn leven zou zijn als ik volwassen was? En zou het in haar ogen kloppen?

Ik wilde dichter worden, maar ik heb alleen maar wat in obscure literaire tijdschriften gepubliceerd. Ik wilde op een boot wonen en kom aardig in de buurt nu ik een huis zo dicht bij het water heb. Ik wilde dierenarts worden en in plaats daarvan speel ik verpleegster voor een oude kat. Had ik ooit gezegd dat ik tuinier wilde worden? Ik denk het niet. En Scott? Daarin heb ik mezelf tenminste overtroffen. Hij was slimmer, grappiger en veel standvastiger en trouwer dan degenen die Annette en ik uit onze herinnering aan de beperkte ervaring met jongens op high school in Texas konden opdiepen. Ik wist dat ze het fijn zou vinden te zien dat ik goed terecht was gekomen.

Ik trof haar in het hotel in San Francisco waar ze verbleef voor een conferentie. Toen ze uit de lift kwam, besefte ik dat ik me geen zorgen over herkenning had hoeven maken. Na negen jaar zag ze er nog net zo uit als vroeger: dezelfde helderblauwe ogen, hetzelfde glanzende blonde haar en nog geen rimpeltje te zien. 'Je bent helemaal niet veranderd,' zei ze toen ze op me af rende. Ik sprak niet tegen, hoewel ik er zeker van was dat ik niet zo goed gerijpt was als zij. Ik pakte een van haar koffers op en we gingen door de lobby naar mijn auto.

'Ben je echt *arts* nu?' vroeg ik met gespeeld ongeloof. Ik ben gauw onder de indruk van predikaten.

'Ik geloof het wel,' zei ze kreunend. 'Maar vertel dat maar eens aan mijn patiënten. Ik zie eruit als hun kleindochter. Niet te geloven, hè?'

Onze conversatie ging gewoon door waar hij was gestopt toen we achttien waren, alsof er geen tijd voorbij was gegaan. We hadden toch besloten naar de wijnstreek te gaan om champagne te proeven en 's middags naar Santa Cruz te rijden. Toen we door Sonoma County reden, praatte ze me bij met de details van haar bruiloft vorig jaar en haar nieuwe baan in het bejaardenziekenhuis.

'God, Annette, het klinkt allemaal zo... gewichtig,' zei ik na een tijdje.

'Gewichtig? Wat bedoel je?'

'Ik weet niet... zo volwassen, denk ik. Moet je jou en Chris zien. Allebei gediplomeerd psycholoog voor je dertigste...'

Ze onderbrak me. 'Alsjeblieft. En jij dan? Geweldig huis aan het strand, geweldige tuin...'

'Nou... dat zullen we wel zien.'

We waren rond elven bij Korbel en proefden alle champagne die ze hadden en wandelden door de tuinen, een beetje licht in het hoofd. O jee, dacht ik. Slecht idee om eerst naar Korbels tuin te gaan en dan naar de mijne. Het leek alsof ik recht in zo'n tijdschrifttuin was gestapt. Alles was perfect. Als een clematis door een oude rozenstruik klom, deed hij dat perfect en bloeide precies op de plek waar nog geen roos groeide, alsof het zo gepland was. Er was geen onkruidje te zien. Ik kon geen blaadje vinden dat tekenen van slakkenvraat vertoonde. Ik wandelde afgunstig, zelfs een beetje nijdig door de tuin. Plant hangmanden vol rode, witte en blauwe lobelia voor Vier Juli. Tien meter lathyrus achterin? Waarom niet? Ze hadden immers tuiniers in dienst en een fulltime tuinbouwkundige.

Ik probeerde mijn bitterheid voor me te houden. Ik speelde de rol van wijze tuindeskundige en wees planten aan: vingerhoedskruid, clematis, rododendron.

Na een tijdje vroeg ze: 'Ziet jouw tuin er ook zo uit?'

'Eh...' De champagne maakte het denken moeilijk. Ik had moeite een gevat antwoord te bedenken. 'Nou, nee. Hij is... eh... kleiner.' Om haar af te leiden, voegde ik er vervolgens aan toe: 'Kijk eens naar die muur met jasmijn. Ik kan het hier helemaal ruiken.'

'Hoe heb je al die plantennamen geleerd?' vroeg ze. 'Hoe

weet je dat allemaal. Ik kan me niet herinneren dat je op school in planten was geïnteresseerd. Waar komt dit allemaal vandaan?'

Ik keek haar een ogenblik verbaasd aan, mijn hoofd schuin. Ik wist het ook niet. Het verraste mij ook plotseling te beseffen hoe veel ik had geleerd. 'Geen idee. Dat krijg je in de loop der jaren.'

'Heb je geen cursus gevolgd? Niet gestudeerd?'

'Nee, het viel allemaal gewoon op zijn plek.' We zwegen lange tijd, boven op een hek in Korbels tuin, waar de groengouden wijngaard zich tot aan de horizon uitstrekte.

Na de wijngaard reden we naar Santa Cruz, gehaast om voor zonsondergang bij het strand te zijn. Tijdens de lange rit was ik bijna vergeten zenuwachtig over mijn tuin te zijn, maar ik dacht er weer aan toen we mijn huis naderden. Daar lag hij, onveranderd sinds deze ochtend, teleurstellend bekend. Ik denk dat ik half had verwacht dat hij tweemaal zo groot zou worden terwijl ik weg was en dat nieuwe bloemen zouden ontspringen en ons beiden verrassen.

Annette volgde me de trap op en liep langs de border met meerjarigen langs het huis. Ik verwachtte opmerkingen als: 'Daar zit zeker een hoop werk in,' of 'Over een paar jaar wordt dit wel wat,' maar in plaats daarvan riep ze zonder aarzeling uit: 'Oooo! Het lijkt net Korbels tuin!'

Zelfs na al die tijd die ik had besteed aan het in bloei drijven van mijn tuin om hem groots en indrukwekkend te maken, had ik *dat* toch niet verwacht. 'Je bent een betere leugenaar geworden in de loop der jaren,' zei ik, maar stilletjes was ik blij. Ik volgde haar, luisterend naar haar gekreun en gezucht over mijn bloemen, mijn groente, mijn nieuwe stropaden. Ik mompelde dat ik wou dat ze een maand of twee later had kunnen komen, als alles in bloei zou staan en alle groente volgroeid zou zijn. De piektijd, vertelde ik haar, was een maand later. Voor mezelf bedacht ik dat de piektijd *altijd* een maand later was.

Al mijn zenuwachtigheid over mijn tuin leek een beetje belachelijk, een beetje zielig. Wat dacht ik dan? Dat ik in mijn eentje mijn tuin in een luxueus landgoed kon transformeren, net op tijd voor een oude vriendin die me te goed kende om perfectie van me te verwachten?

Ik stond met haar in mijn tuin, verlegen verwelkte margrieten afknijpend; ik wist wat ik had, een tuin met een ziel. Wat is er eigenlijk zo leuk aan een onberispelijke tuin? Dan zou ik het gevoel krijgen dat ik mijn voeten moest vegen voor ik naar buiten ging. Nee, ik was van mijn tuin gaan houden om zijn karakter, om zijn fouten en om zijn sterke kanten. Ik had een sterke, wilde tuin gewild, een plek waar ik kon werken en zweten en vuil worden, en die had ik ook gekregen. Het was een *echte* tuin, met gebreken en wispelturigheid, maar hij was toch van mij.

Na een paar minuten kwam Scott naar buiten om zich voor te stellen. Hij had LeRoy als een stola om zijn nek gedrapeerd en ze keken beiden een beetje verkreukeld, alsof ze zojuist een dutje hadden gedaan. Gray hobbelde erachter aan en besnuffelde Annette voorzichtig. 'Herinner je je haar?' vroeg ik Gray en boog me vooover om haar op de kop te kroelen, en ze zat naar ons te kijken alsof ze het inderdaad nog wist.

Scott was de perfecte gids voor mijn tuin. Hij kon alle belangrijke dingen aanwijzen terwijl ik met mijn mond vol tanden stond. 'Heb je al met de wormen kennisgemaakt?' vroeg Scott haar.

'Eh... nee, ik geloof het niet. Maar ik heb het gevoel dat dat nu gaat gebeuren.'

'Nou, die moet je echt zien,' zei Scott enthousiast. 'Ze zijn Amy's favoriete huisdieren, na Gray natuurlijk,' en hij knikte naar Gray die op de galerij was gesprongen en schuins in het verblekende zonlicht naar ons keek.

Hij tilde de deksel van de composteerder. Alle wormen lagen onder een laag krantenpapier; ik veegde ze opzij en liet honderden dikke rode wormen zien, krioelend om uit het daglicht te komen. 'Zie je?' zei ik tegen Annette, 'ze eten het keukenafval en ze laten *dit* achter.' Theatraal haalde ik een paar bakjes uit de composteerder en liet haar de zwarte wormuitwerpselen zien.

'Ik had kunnen weten dat je wormen zou kweken,' zei ze tegen me, en tot Scott: 'Wist je dat ze op school weigerde om een worm te ontleden? En natuurlijk was ik haar maatje en moest ik dus alle ontledingen doen.'

'Nou, ik wist dat je dokter wilde worden,' zei ik, 'dus ik dacht dat het een goede oefening voor je zou zijn. Waarom zou een schrijver een worm moeten kunnen ontleden?'

'Zo'n soort dokter ben ik niet,' zei ze lachend. 'Maar ik weet zeker dat het ergens goed voor was, ik weet alleen nog niet waarvoor.'

Ik had nog wel wat langer buiten willen blijven en haar het verhaal vertellen over de wormen of de slakken of al het goede voedsel dat we hadden geoogst. De zon zou echter spoedig ondergaan en we moesten ons naar het strand haasten om een plaats te bemachtigen voor onze picknick, voor de toeristen de beste plekken hadden ingepikt. We kwamen er net op tijd om beslag op de laatste cementen vuurplaats te leggen en Scott en ik maakten een vuurtje terwijl Annette langs het strand wandelde, naar de zee staarde en wrakhout jutte. We strekten ons voor het vuur uit en keken hoe de hemel donker werd en de sterren verschenen en dronken de champagne van Korbel. Na het eten roosterden we marshmallows boven het vuur en deden ze op belachelijk dure koekjes die ik voor deze gelegenheid had gekocht.

Annette keek met verbazing rond. 'Ik moet zeggen dat ik nooit had gedacht dat je op zo'n plek als deze terecht zou komen.'

'Ja... raar hoe de dingen lopen,' zei ik en schonk me nog een glas champagne in. 'Het is geen slecht leven. En weet je wel dat Scott en ik iedere avond zo aan het strand eten?'

'O nee, dat doe je *niet*,' zei ze. Ze keek om naar het strand en naar de Boardwalk met zijn twinkelende lichtjes en voegde eraan toe: 'Maar hoe denk je eraan elke dag naar je werk te gaan? Dit lijkt wel permanente vakantie.'

Ik lachte. 'Ziet mijn leven er zo uit?' vroeg ik en probeerde het door haar ogen te zien, mijn romantische strandhuisjesleven. 'Waarom ziet het er voor mij dan meestal niet zo uit?'

'Ik weet niet. Ander perspectief, denk ik.'

'Vast wel.' Ik strekte me uit op het zand en keek naar de eindeloze zwarte lucht die de oceaan raakte, waar de horizon donker, groots en onkenbaar was. We keken in stilte naar de sterren. Soms bleek één ervan een vliegtuig op weg naar San Jose te zijn en we keken hoe het naderde, laag en stil, van ver boven zee met knipperende lichten over ons heen cirkelde en vlak onder de sterren wachtte op toestemming om te mogen landen.

Tuinsandwich voor Annette

Picknicks op het strand kunnen ingewikkeld zijn. Er is zand en het waait er en terwijl de ene hand aan het eten is, is de andere meestal met iets anders bezig, zoals een nieuwsgierige hond wegjagen, de papieren borden vasthouden of proberen een wijnglas neer te zetten in het schuivende zand. Dus probeer ik altijd gemakkelijk hanteerbaar eten mee te nemen. Hier volgt een sandwich die ik heb uitgevonden voor Annette, waarop veel verse producten kunnen zonder dat hij uit elkaar valt.

1 baguette
5-7 blaadjes sla (uit de tuin)
1 grote gesneden tomaat
1 dun gesneden ui
10-15 basilicumblaadjes
75 gram feta of verse mozzarella
1 eetlepel olijventapenade of gehakte olijven
1 eetlepel Dijon-mosterd
2 eetlepels olijfolie

1 eetlepel rode wijnazijn

1 groentesoort (waarvan er veel in de tuin staat en geschikt om te grillen, zoals aubergine, paprika, pompoen en courgette)

Smeer de dun gesneden groente in met olijfolie. Gril of bak ze aan beide zijden bruin.

Snijd de basilicum in reepjes door de bladeren op te rollen en door te snijden.

Snijd de baguette in de lengte door. Doe op de ene helft olijventapenade en op de andere helft Dijon-mosterd. Doe de gegrilde groente, tomaten, uien, sla en kaas op de ene helft.

Bestrooi deze helft met de basilicum, sprenkel er olijfolie en balsamicoazijn overheen en leg de andere helft erop.

Verpak het geheel in papier en leg een bord of een ander zwaar voorwerp op de sandwich om hem te pletten. Laat dit ten minste een uur zo staan en verdeel de sandwich in sneetjes terwijl hij nog in het papier zit en pak ieder sneetje afzonderlijk in voor u naar het strand gaat.

TOMATEN

Ik herinner me nog de eerste tomaat die ik zag. Ik was
tien en ik holde door zo'n ouderwetse laan met aan
beide zijden een hoog traliehek, toen zo vertrouwd voor
alle mensen in Ohio. Bij een van de hoeken van zo'n
hek staken zijn rode wangen af en trokken mijn
jeugdige aandacht.

A.W. LIVINGSTON, Livingston and the Tomato, 1983

Van alle gewassen die ik mijn eerste jaar teelde, waren tomaten het meest ingewikkeld. Je moest zo veel weten en er kon
zo veel verkeerd gaan. Tomaten lijden aan allerlei nare ziekten die niet te genezen zijn, biologisch of anderszins. Ziekten leken overal uit voort te komen: ze kwamen uit de
grond, met de wind mee en verspreidden zich van plant tot
plant. Het helpt om de planten een halve meter uit elkaar te
zetten. Water geven door druppelirrigatie houdt de bladeren droog, wat ook goed is. Er is ook een bepaalde zeep die je
op de bladeren kunt sproeien en ook bacteriële fungiciden
die je door de grond kunt mengen, maar meestal moet je bij
de tomaten de wacht houden en bij het eerste teken van een
geel blad of een plekje op de vrucht actie ondernemen.

'Vernietig alle geïnfecteerde planten,' adviseren de tuinboeken hardvochtig. Dit was een slechte raad voor een beginnend tuinier. Hoe kon ik mijn tomatenplanten vernietigen, na alle zorg waarmee ik ze had omringd? Ik had de grond verbeterd met compost en mest en ik had plichtsgetrouw elk biologisch tomatenproduct gekocht wat er te krijgen was, alle poedertjes en sproeiseltjes en zelfs de rode plastic mulch die het juiste spectrum ultraviolet licht voor de vruchtgroei reflecteert. Ik had daar waarschijnlijk zoveel aan uitgegeven dat het goedkoper was geweest de allerbeste tomaten direct uit Italië te laten verschepen.

Dus natuurlijk rukte ik niet meteen mijn tomaten uit de grond zodra ik het eerste vlekje of het eerste gekrulde blad zag. Ik stond ze bij, verpleegde ze met mijn grove en onwerkzame remedies en voelde me als een arts in de Burgeroorlog die niets anders dan jodium en vuil verband voor de gewonden had. Sommige tomaten deden het onder mijn ondeskundige zorg beter dan andere. De Hollandse tomaten van Mammy en de kerstomaten tierden welig en droegen ladingen groene vruchten. De Brandywines, met hun enorme aardappelbladeren, verwelkten af en toe en kregen soms vlekken, maar maakten steeds weer nieuw blad om het oude te vervangen. De andere waren meestal mager en bloedarmoedig en kregen iedere dag meer bruine bladeren, maar vormden wel vruchten.

Ik was geïnteresseerd in 'heirloom-tomaten', met hun grappige namen en kleurige geschiedenis. Er is onenigheid over wat er met de term *heirloom* wordt bedoeld, maar hij slaat meestal op tomatenrassen van voor 1940. Heirloom-tomaten worden om hun buitengewone smaak gekweekt, maar hun buitenissige namen vielen me het eerst op. 'Brandywine' klonk hemels, goddelijk, en dat waren ze ook. Ik kocht er een paar op de boerenmarkt en proefde ze toen de mijne nog klein en groen waren. Ik begreep meteen waarom dit de tomaten van de tomatenliefhebber waren – ze hadden een volle, rijpe, hoogzomersmaak, waar de liefhebber de hele winter van droomt.

Een van mijn favoriete tomatennamen was 'Black from Tula'. De zaadcatalogi omschreven hem als 'donker, paarsbruin met groene schouders', met een 'perfecte zoetzuurbalans en een prachtige, fijne textuur'. Maar dat interesseerde me niet. Ik wilde de naam noemen als mensen me vroegen welke tomaten ik kweekte. 'Black from Tula' kon een obscuur nummer van Miles Davis zijn, een spionageroman die in een donkere Russische bar speelde of een soort verboden kaviaar die met ijskoude wodka werd geserveerd. Ik was misschien niet hip en avant-garde genoeg om deze tomaat te kweken, maar ik moest en zou het proberen.

Er waren er nog meer die ik om hun naam had gekozen. 'Eva Purple Ball' deed denken aan verkreukeld fluweel, balboekjes en je grootmoeder zoals ze eruitzag toen ze nog jong was. Mammy's zuster in Texas heet Lillian en toen ik las over een tomaat die 'Lillian's Yellow Heirloom' heette en van de enc Texaanse generatie op de andere was overgegaan, kreeg ik heimwee en moest hem in mijn bezit zien te krijgen en hem proberen te kweken.

Mijn grootste favoriet was echter Radiator Charlie's Mortgage Lifter. De zaadcatalogus vertelt het verhaal van M.C. Byles uit Logan in West-Virginia, die de bijnaam Radiator Charlie kreeg omdat hij radiatoren repareerde aan de voet van een steile heuvel waar vrachtwagens vaak oververhit raakten. Hij wist niets van planten kweken, maar na een paar jaar van kruisbestuiving van de vier grootste rassen die hij kon vinden, produceerde hij een heerlijke – en enorme – tomaat en verkocht de planten voor een dollar per stuk, een exorbitante prijs in de jaren veertig. De mensen reisden vierhonderd kilometer om zijn zaailingen te kopen. Radiator Charlie verdiende genoeg geld met de tomaten om de hypotheek op zijn huis van zesduizend dollar in zes jaar af te betalen.

De tomaten in mijn tuin waren begin augustus nog klein, hoewel een paar kerstomaten van het ras 'Sungold' al rijp waren en sommige van de grotere tomaten kleur begonnen te krijgen. Hoewel ze nog niet echt rijp waren, had ik al gezien dat heirloom-tomaten grappige dingen waren. Brandywines zijn platte, misvormde vruchten met diepe lobben. De schil is zo dun dat ze een tocht naar de groenteboer nauwelijks zouden overleven, zodat ze amper zijn te vinden buiten de boerenmarkten, waar de boeren ze behandelen of ze van glas zijn. Veel heirloom-tomaten hebben 'catfacing', onschuldige littekenvorming die optreedt als ze bij koud weer worden bestoven, of 'cracking', een concentrische ring van gespleten weefsel rond de stengel. Ik vond het leuk om met deze termen te strooien. Zo dicht bij de wijnstreek had iedereen het over de 'toegankelijkheid' van een wijn of zijn ondertoon van chocolade en kersen. Maar hoeveel mensen kunnen discussiëren over de catfacing van 'Dr. Neal' of de perfecte zoetzuurbalans en lichte citrussmaak van 'Amish Gold'?

In de loop der tijd werden tomaten het brandpunt van mijn tuin. Ze hadden me voor zich gewonnen, met hun vreemde gewoonten en bijzondere namen. Ik wilde ze beslist de zomer laten doorkomen. Ik had echter niet gedacht dat de trouw aan mijn tomaten zo op de proef zou worden gesteld als op de dag dat ik een berg fijn verkruimelde grond op het pad naast het tomatenbed vond en daarnaast een gat in de grond ter halve grootte van mijn vuist. Mijn bloed stolde. *Mollen*. En ze waren tot op een halve meter van mijn Brandywines gekomen.

Ik wist dat dit ernstig was. In tegenstelling tot bladluizen, die er dagen, weken of zelfs maanden over doen om een plant te vermoorden, wat vaak nog tijdig kan worden verhinderd, slaan mollen snel en trefzeker toe. Ze kunnen zich door een bed lentebollen ploegen en ze allemaal opeten voor ze de kans krijgen uit te lopen. Ze kunnen met één snelle ruk een hele plant in hun tunnel trekken en alleen maar een gaatje in de grond achterlaten. Al mijn buren bestreden ze; ik vroeg me af waarom ik er nog geen had gezien.

Een vriendin vertelde me dat toen ze in Santa Cruz kwam wonen, ze de hele herfst had besteed aan het kiezen van de zeldzaamste, meest exotische en duurste bollen uit de catalogus. Ze plantte voor honderden dollars bollen die binnen tien dagen allemaal verdwenen waren, dankzij de mollen. Ze was er nogal stoïcijns onder, haalde haar schouders op en zei tegen me: 'Ik heb een diner voor ze gekocht en het ook nog voor ze in de grond gegraven, dus waarom zou ik kwaad op ze zijn?'

Ik had geen idee hoe ik me van die mollen zou ontdoen.

Ik denk dat ik ze niet dood zou kunnen maken, het waren tenslotte zoogdieren en je zou ze zelfs *schattig* kunnen noemen, met hun bruine pels en kleine spitse neusje. Mol was mijn favoriete figuur in *De wind in de wilgen* en ik kan me niet voorstellen hoe Ratty of Mr. Toad zich zouden hebben gevoeld als hun gabber was vergiftigd bij een lunch in de buurtuin of uit zijn gezellige holletje was verdreven door een stroom water of gifgas.

Ik kon me er ook niet toe zetten ze in een van de vele soorten klemmen te vangen. Ik wilde niet van aangezicht tot aangezicht met ze komen te staan. Ik had gifkorrels in hun hol kunnen storten, maar dat vond ik vreselijk. Ik zou nachten wakker liggen bij de gedachte aan een moeder- of vadermol die naar de bruine pels van zijn buik grijpt van pijn, terwijl de rest van het gezin ontroostbaar weent.

Een tijdje dacht ik nog dat LeRoy wel mollen kon vangen. Ik zag hem op een middag in een mollenhol gluren en zijn poot er zo ver mogelijk in steken, met zijn oren gespitst om geluiden uit de tunnel op te vangen. Ik zocht Gray, maar die sliep op de keukenvloer. Haar dagen als mollenjager waren voorbij, maar ze was als jonge kat een snelle en slimme jager geweest. Ze had LeRoy wel een lesje kunnen leren als ze had gewild. Ik stond bij de achterdeur en keek hoe hij met trekkende neus rond het hol cirkelde. Ik haalde zijn etensbakje weg, om zijn honger nog scherper te maken.

Hij wachtte de hele dag bij het hol, en ik liet hem. Hij is tenslotte een kat, hij heeft geen baan en kan het zich veroorloven acht uur op een mol te wachten. Die middag, terwijl ik de tomaten opbond, hoorde ik een verschrikkelijk gekwetter en getier: *ja,* hij had er eentje klem, joeg hem in een ore-ganostruik, waarin hij met één poot begon te slaan, waarna hij zijn kop erin stak om een kijkje te nemen en die vervolgens verbaasd weer terugtrok met een lelijke beet in zijn roze neus.

Ik verstijfde en dacht aan mijn kwetsbare tomaten, maar was blij dat mijn kat lucratief werk had gevonden. De mol zou beslist het loodje leggen. Ik dacht aan wat ik met het lijk moest doen, als LeRoy al iets zou achterlaten. Moest ik het weggooien of laten liggen als voorbeeld voor de andere mollen?

In een flits sprong de mol de struik uit en Leroy, die gewend was aan een gemakkelijkere prooi, liet hem het bloembed in schieten en ongedeerd in zijn hol verdwijnen. Leroy had nog nooit te maken gehad met dieren die zich ingroeven. Hij leek totaal verbluft dat zijn prooi zomaar was verdwenen. Hij stond bloeddorstig bij het hol en zwaaide als een gek met zijn staart. Ik wilde dat hij iets leerde van deze ervaring, zodat hij wist wat er kon gebeuren als hij te lang met zijn prooi speelde, dus ik ging stilletjes de tuin uit, deed de deur dicht en liet hem achter terwijl hij wanhopig in het mollenhol keek en zich afvroeg wat er mis was gegaan.

Het was duidelijk dat ik niet op LeRoy kon rekenen om de molpopulatie onder de duim te houden. Ik zocht in catalogi tot ik iets vond dat Mollenverjager heette en besloot het te proberen. Dit apparaat zendt een ondergrondse trilling uit die volgens het plaatje op de doos de mollen met hun vingers in de oren uit de tuin jaagt, maar ze verder ongedeerd laat. Mooier nog, de Mollenverjager loopt op windenergie, zodat ik niet hoefde te modderen met oplaadbare batterijen en snoeren. 'Maar er is nog iets,' zei Scott, die de gebruiks-aanwijzing las terwijl ik de onderdelen uitpakte. 'Er staat dat je een paar meter gegalvaniseerde buis nodig hebt.'

Tweeënhalve meter om precies te zijn. In tegenstelling tot de mol op het plaatje op de doos, waarop de mollen prak-tisch moesten bukken voor de ronddraaiende molenwie-ken, steeg de structuur uit boven de rest van de tuin en bleek te werken door in een straal van dertig meter door de wind gegenereerde trillingen de grond in te sturen. Ik zette het apparaat in elkaar en ging naar de ijzerwinkel voor de twee-enhalve meter gegalvaniseerde waterleidingpijp. Ik instal-leerde de Mollenverjager in de moestuin, bij mijn halfver-woeste tomatenaanplant.

Ik keek hoe de wieken lui in de middagwind ronddraai-den. De gebruiksaanwijzing verzekerde me dat 'een paar mi-nuten onafgebroken draaien in vierentwintig uur voldoen-de is,' maar ik gaf de wieken een flinke zet en luisterde scherp naar het geluid van molvoetjes die alle richtingen oprenden. Stilte.

'Hoe weten we dat het werkt?' vroeg Scott, die sceptisch was, maar me toch probeerde te steunen.

'Het werkt wel,' zei ik, 'wacht maar.' Ik stelde me al voor hoe de mollen de eerste ondergrondse trillingen opvingen en hun bord en boeken pakten en misschien een paar fami-liefoto's en naar de rivier trokken voor een fijn lang bezoek aan Rat en Pad, die hen op hun gemak zouden stellen en zouden meenemen op avontuur en zelfs een nieuw huis zouden helpen zoeken, ver van de dreigende, maar verder onschadelijk trillingen van mijn nieuwe, grote, glimmende Mollenverjager. Hij joeg de mollen niet helemaal weg – ze kwamen af en toe terug en lieten lelijke holen in de grond achter, om vervolgens weer te verdwijnen, maar hij heerste over het groentebed op een vastberaden, beschermende manier en ik raakte nooit meer een tomatenplant kwijt.

Tomatenproblemen

In zijn boek *The Great Tomato Book* merkt Gary Ibsen op: 'Veel tuiniers zijn gezegend met goede grond en hoeven hun tomaten niet te bemesten.' Voor de overigen is er een heel arsenaal biologische brouwsels om de planten te versterken en ze tegen ziekten en plagen te beschermen. Ik gebruik ze allemaal, ieder jaar, en ze houden de voedingsgebreken, de verwelking en de roest op afstand.

Doe het volgende om tomaten groot en sterk te maken:

🌿 Zaai in bakken met steriel zaaimedium. Tomaten hebben constante vochtigheid nodig; het steriele mengsel is het beste om meeldauw en andere schimmels te voorkomen.

🌿 Zorg voor een sterke lichtbron tijdens de kieming. Zaailingen reageren het best op achttien uur zonlicht tijdens het ontkiemen. Ik heb nog geen groeilamp gekocht, maar ik zet mijn zaailingen op de zonnigste plek van het huis.

❀ Mest veel en begin er vroeg mee. Ik gebruik verdunde vloeibare mest met veel stikstof, speciaal voor zaailingen.

❀ Verspeen zaailingen als ze enkele centimeters hoog zijn in tiencentimeterpotten met biologische potgrond. Plant de zaailingen zo diep mogelijk, met een deel van de stengel in de grond, waardoor de plant sterker wordt.

❀ Begin de planten twee weken voor het uitplanten af te harden door ze een paar uur per dag buiten te zetten en dat steeds langer, totdat ze ook de nacht buiten doorbrengen.

❀ Plant de tomaten in de grond met compost en mest. Geef bij het planten gebalanceerde biologische korrelmest. Voeg beendermeel toe als het veel regent, om het eventueel uitgespoelde calcium aan te vullen. Dit voorkomt de waterige rotte plekken die vaak aan de onderkant van tomaten verschijnen waar de bloem heeft gezeten.

❀ Bedek de grond met rode plastic mulch. Dit reflecteert een bepaald type ultraviolet licht naar de plant, waardoor de vruchten groter worden.

❀ Besproei van tijd tot tijd met zeep tegen roest en andere schimmels.

❦ Sproei planten af met afwassop tegen de bladluis. Anti-bladluissticks helpen ook.

❦ Geef geregeld water, maar niet te veel. Voeg nog eens mest toe als de planten vrucht zetten.

BASILICUM

Aan kruiden kan soms worden verdiend door het overschot aan de drogist te verkopen. Deze koopt alles wat de huisvrouw kwijt wil, want de normale aanvoer van medicinale kruiden komt van speciale kwekers en gaat via de groothandel en is vaak oud als hij bij de plaatselijke verkoper komt.

L.H. BAILEY, Manual of Gardening, 1923

Het verbaast me altijd als er iets goed gaat in de tuin. Meestal verwacht ik het ergste: droogte, ziekte, insectenplagen. Soms gaan de dingen ondanks alles goed. Met basilicum bijvoorbeeld. Ik plantte vroeger in het jaar een rij ervan rond mijn tomaten, me er wel van bewust wat ik deed: voor vijf dollar kruiden aan de slakken als ontbijt aanbieden. Voor basilicum was in mijn tuin maar één lot weggelegd: opgegeten worden tot aan de grond, tot er niks meer was dan een slijmerig stompje, en ook dat zou verdwijnen. Tot dusver had ik basilicum in aarden potten op de veranda gekweekt, en tussen de bieslook en koriander gezet om de insecten in de war te brengen. Geen van deze vroege pogingen bracht iets meer op dan het plezier van een middag in de zon om de heerlijk geurende zaailingen te planten.

Ik had andere mensen basilicum zien kweken. Ik wist dat het kon. Ik bezocht vrienden met een kleine geometrische kruidentuin met basilicum in alle kleuren en variëteiten: paarse 'Opal', citroenbasilicum, 'Lettuce Leaf' en de bossige Griekse basilicum. Zoveel basilicum, klaagden de eigenaars van deze tuinen, dat ze het zat waren, iedere avond pesto. Zoveel basilicum dat ze de azijn ermee kruidden en de rest te drogen hingen. Of ik wat wilde? vroegen ze gretig, alsof ze een truitje aan een arm familielid gaven. Zou ik zo vriendelijk willen zijn wat mee naar huis te nemen?

Ik ging naar een boerderij waar een rij basilicum zich tot bijna aan de horizon uitstrekte. Het basilicumseizoen was bijna voorbij; de bladeren waren taai en sterk, de klanten van de boerenmarkt kochten nu geurige, houtige kruiden zoals tijm en marjolein voor hun stamppot en pompoensoep. De boer had de basilicum zaad laten zetten. De kleine witte bloemen trokken bijen aan die voor de bestuiving zorgden. 'Over een paar weken trek ik ze eruit,' zei hij en hij keek ongeduldig naar het gewas, alsof zijn geduld ermee op was.

Ik liet me hierdoor overtuigen dat ook ik basilicum kon kweken, in de kou en mist, op het insectenslagveld dat mijn tuin is. Ik had het in een paar maanden al drie keer geprobeerd, heel nonchalant, alsof dit een gewone handeling was met gewone resultaten. Ik wilde de basilicum niet alarmeren. Ik liet niet merken dat ik ernstig twijfelde en dat mijn hoopvolle basilicumzaailingen meer *verdoemd* dan *geplant* waren.

De vierde keer gebeurde er echter iets anders. Ik plantte

twee kerstomaten langs de steunmuur aan de voorkant van het huis, waar ze over de trap naar de galerij konden hangen en zichzelf aan voorbijgangers aanbieden. Ik besteedde veel zorg aan het graven van het bed en trok alle winde en satijnbloem uit, verwijderde wat oude klei en stortte compost uit het tuincentrum. Ik overdekte het bed met zwart plastic om de grond warm te houden en het onkruid tegen te gaan. Ik bouwde lattenwerken van bamboe en vlechtwerk voor de zaailingen en plantte ze op 1 mei.

Toch was er iets mis. De plek zag er kaal en kunstmatig uit, tussen het zwarte plastic en de cementen muur. Het zou maanden duren eer de tomaten groot genoeg waren om er een beetje uit te zien. Ik kon beter iets aan de rand planten, dacht ik. Iets dat vult en snel bloeit en boeit tot de kerstomaten, de eregasten, waren gearriveerd.

Ik ging naar het tuincentrum en kwam thuis met blauwe eenjarige salie en basilicum. Ik zou ze afwisselend planten, besloot ik, zodat als de basilicum werd opgegeten, de salie zijn plaats zou innemen. De lange blauwe bloemstengels zouden bijen aantrekken en een vrolijk contrast vormen met de oranje kerstomaten en de gele peertomaten die onderweg waren.

Ik controleerde de basilicum om de haverklap en verwachtte gaten in de grotere bladeren en slijmsporen aan te zullen treffen. Niets. De basilicum stond onaangeroerd. De volgende dag net zo en de dag daarna ook. De basilicum en de salie groeiden ongeveer even snel en werden fors en loofrijk. Het zwarte plastic verwarmde de grond, het onkruid bleef weg, de tomaten groeiden. Het leek wel of een stuk van de tuin van iemand anders was afgebroken en per ongeluk naar mijn tuin was gedobberd.

Toen, midden in de zomer, was het zover: een klein groentebed waar de tomaten bijna uit kwamen gerold, omgeven door een robuuste haag van salie en basilicum. De blauwe bloemen werden in een vaasje in de vensterbank gezet. De basilicum vond zijn weg naar de keuken: de tomatenboterhammen, de pesto linguine, de bagels met smeerkaas, zelfs de salade, waarvoor ik het kruid in linten knipte. Ik was er niet zuinig mee. Ik wilde niet dat de basilicum zou denken dat er iets raars was en zich zorgen zou gaan maken. De slakken, was ik gaan geloven, konden angst ruiken. Dus ik sneed en oogstte en kookte en droogde, totdat ik op een dag op kantoor aankwam met twee volle zakken in mijn handen. Ik heb een basilicumberg, zei ik tot mijn kantoorgenoten. Wil je wat hebben?

Te veel basilicum? Pesto maken

Er zijn eenvoudige en ingewikkelde manieren om een surplus aan basilicum ten nutte te maken. Een eenvoudige manier is deze: maak een dubbele boterham met veel mayonaise en doe er hele basilicumbladeren en plakken tomaat op. De ingewikkelde manier is op de ouderwetse manier pesto maken.

Ik heb eens een artikel gelezen waarin pesto maken met de vijzel werd aangeprezen. Natuurlijk, dacht ik, de betere kwaliteit pesto kan alleen worden gewaardeerd als hij met de hand is fijngemalen, zonder elektronica. Was er een betere manier om eer aan mijn overvloedige basilicumoogst te bewijzen? Ik stofte mijn marmeren vijzel en stamper af en volgde de instructies zorgvuldig op, maar na een halfuur stampen had ik niet meer dan een verzameling geplette basilicumbladeren en misvormde knoflooktenen. Ten slotte gaf ik het op, deed alles in de mixer en vijf minuten later at ik mijn elektronisch geproduceerde tweederangspesto en was er zeer tevreden over.

Maar hier volgt toch het recept voor zelfgemaakte pesto. Ik heb gehoord dat een brede stamper, die de binnenkant van de vijzel vrijwel bedekt, de sleutel tot succes is. Misschien probeer ik het een andere keer nog eens.

Stamp één of twee teentjes knoflook fijn met een flinke snuif grof zout. Stamp er drie eetlepels pijnboompitten doorheen en voeg twee koppen gesneden basilicumbladeren toe, beetje voor beetje, totdat je geen stukje basilicumblad meer ziet. Meng er ongeveer vijf eetlepels geraspte Parmezaanse kaas en drie eetlepels olijfolie door (dit kan met een lepel). Deze hoeveelheid is voor vier tot zes zeer dankbare smulpapen.

OVERSCHOTTEN

Het is een genot om een goede voorraad zelf geweckt voedsel te hebben. Het – vaak heimelijke – inspecteren en het plezier van het serveren van de vrucht uwer arbeid is slechts vergelijkbaar met een schoon geweten of een zeer goed staande hoed.

IRMA S. ROMBAUER, The Joy of Cooking, 1931

Algauw zetten alle tomatenplanten vrucht. Eerst aten we ze rauw, gesneden met basilicum. Toen gingen we pastasaus en tomatensoep maken en ik probeerde zelfs tomaten in de oven te drogen (wat niet lukte). Ik dacht dat ik ieder tomatenrecept had geprobeerd dat er bestond. Naarmate het seizoen vorderde, werd ik ze zelfs een beetje zat. Alles leek overrijp te zijn. De tuin maakte amok. Ik kon het niet meer bijhouden. Ik werd moe van de gedachte weer tomaten te moeten plukken en dan te moeten bedenken wat ik ermee moest doen.

De pompoenen waren nog erger. Ik had drie cultivars uit een proefzakje gezaaid, maar de zaden raakten door elkaar en ik wist niet meer wat welke plant was. Ik dacht dat dit niet erg was, totdat op een dag een misvormde gele pompoen begon te groeien alsof hij door een buitenaards wezen was

191

bevrucht en een hardgeel gezwel ter grootte van een brood produceerde. Om de paar dagen keek ik ernaar en hoopte dat hij een verandering zou doormaken waardoor het me duidelijk werd of ik hem moest oogsten of laten doorgroeien. Op een dag kwamen er vrienden eten en stonden ze ernaar te staren. Het was een speling der natuur, die tussen de gewone groente vandaan leek te springen. Ik vond het bijna gênant. Het was een enorm, overdreven en belachelijk gedrocht.

Ik leerde al snel dat de grootste tuinklus in augustus het verwerken van het overschot groente was. 'Augustus,' grapte een vrouw uit de straat, 'de maand waarin iedereen met zijn autoraam dicht rijdt uit angst dat er iemand een courgette naar binnen gooit.' Er is zelfs een feestdag op 8 augustus, de National Sneak Some Zucchini on Your Neighbor's Porch Night. Toen het feest begon, was ik er klaar voor. Ik had pompoenburrito's, courgettelasagna en gebakken courgette gegeten. Ik kon geen courgette meer zien. Ik deed het overschot in een papieren zak en zette die op de voorgalerij van Charlie en Beverly, met een briefje om ze aan de feestdag te herinneren.

Eindelijk ging de groentetuin van start en niet zo zuinig ook: volgeladen bonenstaken rezen op naar de hemel, uien barstten de grond uit, Brandywines en Lilian's Yellow Heirlooms werden eindelijk rood en geel. Van de Hollandse tomaten van Mammy waren er zo veel dat ik er saus van maakte en die invroor. Een enthousiaste pompoen slingerde zich een weg tussen de zonnebloemen door. De oregano die ik als zaailing in een vijfcentimeterpotje had gekocht, werd een bijna twee meter hoge struik en bracht een prachtig schouwspel van roze bloemen te voorschijn, die voortdurend door bijen werden bezocht.

'Goeie god,' zei Scott toen hij van zijn werk kwam en door de groentetuin wandelde. 'Wat ga je doen met al dat eten? Het springt bijna de grond uit!'

Dat gebeurt inderdaad in een tuin vol rijpe gewassen: ze springen op je af, smeken te worden geplukt, eisen te worden bewaterd en gevoed, zodat ze nog meer kunnen produceren. Mijn kerstomaat van het ras 'Sungold' stroomde over zijn anderhalve meter hoge staak heen en deed bijna een uitval naar me, zwaarbeladen takken naar me uitstekend. In het begin zag ik Sungolds als een lichte tuinsnack. Ik stopte er één of twee in mijn mond als ik erlangs liep en vergat ze verder. In augustus werden ze echter zo snel en in zo'n overvloed rijp, dat ik me verplicht voelde, staande in de tuin, een heel maal kerstomaten te eten, om ze maar niet weg te hoeven gooien. Ik begon me als in een soort sprookje te voelen, waarin een wilde plant me vetmestte tot ik om genade smeekte.

Ik dacht graag dat dit plotselinge succes iets te maken had met mijn noeste arbeid. Ten slotte had ik veel tijd besteed met mest en compost en het frezen van de bedden. Ik veranderde een verwaarloosde lap compacte kleigrond in de soort grond waar tuiniers van dromen: losse, brokkelige grond die goed doorlaatbaar is en vol wormen zit. Ik besproeide hem met visemulsie, ik plantte goudsbloemen aan de rand om bestuivers aan te trekken. Hoe dan ook, alles wat

193

ik wist was dat nu de Nazomervloek was begonnen. Ik had meer voedsel in de tuin dan we op konden.

Weggeven leek de beste oplossing. Een oudere man die dichtbij woonde, liet al een tijdje zakken met augurken achter op de stoepen in de straat. Charlie hield me 's ochtends als ik naar mijn werk ging aan en vroeg dan hoopvol: 'Kan je wat augurken gebruiken?'

Ik lachte iedere keer en hield mijn lunch van augurkensandwiches omhoog. 'Heb al,' zei ik dan en verdween snel.

Nu was het echter mijn beurt om groente weg te geven. Ik liet courgettes en tomaten op galerijen in de straat achter en bracht zakkenvol mosterdblad en sla voor mijn collega's mee naar kantoor. Ik kocht een groentedroger en droogde paprika's, uien en bonen voor de wintersoep. Ten slotte besloot ik me te wagen aan het inmaken van groenten.

Thuis groente inmaken is iets wat stadskinderen niet kennen. Zij hebben geen herinnering aan een grootmoeder in een boerenkeuken om als voorbeeld te dienen; hun oma's bevoorraadden met alle plezier hun keuken uit de supermarkt. Inmaken was voor hen geen nuttige noodzaak, ze zagen er niks leuks in en tussen de recepten die ze bij hun overlijden aan kleindochters achterlieten, stond geen woord over inmaken of conserveren.

Gelukkig stuurde Scotts tante Barbara me haar beroemde recept voor groene tomaten in dille. Ik besloot dit als startpunt te gebruiken, niet alleen voor groene tomaten, maar ook voor tafelzuur en sperziebonen-met-dragon in azijn.

Mijn overgrootmoeder Mammy had genoeg herinneringen aan inmaken. Ze benaderde het op de manier waarop ze alles in het leven benaderde, als een huishoudelijke kunstvorm, een gewone handeling die toch iets magisch had. Ze beschreef het proces veel gedetailleerder dan de folder bij de doos weckpotten die ik had gekocht. Zet de potten flink lang te koken, zei ze. Het kost tijd om de groente te plukken en te snijden, dus al die tijd kun je ze steriliseren. Wikkel een handdoek rond de potten, zodat ze niet tegen elkaar stoten terwijl ze in het borrelende water liggen. Haal één pot eruit om nog eens extra te controleren of de boontjes of stukken komkommer niet te groot voor de pot zijn. Je hoeft de groente niet te koken zoals het kookboek adviseert, want de azijn doodt de bacteriën. Gebruik niet die rare witte azijn die ze tegenwoordig verkopen, de zuurgraad is nooit precies goed en trouwens, ze verkopen gewone azijn van Heinz in jerrycans voor maar een paar dollar. En daarvoor doe je het toch ook allemaal... om geld te besparen?

Ze was zeer geruststellend over het punt van de hygiëne. 'Scott is bang dat ik het verkeerd doe en iemand vergiftig,' vertelde ik haar. Het was waar. Hij kwam niet in de buurt van mijn weckflessen.

'Ach jee,' zei Mammy, 'ik heb duizenden potten met tomaten en maïs in mijn leven ingemaakt en ik heb nooit een pot verloren.'

Toen ik dit aan Scott vertelde, keek hij me gealarmeerd over zijn brillenglazen aan. 'Ze heeft dus nog nooit een *pot* verloren,' zei hij, 'maar de mensen dan?'

'Met inmaken kan niks misgaan. Zo kwamen ze vroeger de winter door.'

'Ja, maar wie doet dat tegenwoordig nog? Je moet de jongste Amerikaan zijn die nog inmaakt.'

Hij kon weleens gelijk hebben. Ik kende niemand onder de zeventig die me advies over inmaken kon geven. Maar met Mammy's geruststellingen en tante Barbara's recepten lukte het me en vulde ik de steriele potten met stevige rauwe groente, goot de azijn en de kruiden erin en draaide de deksel er zorgvuldig op, zodat ze goed gesloten waren voordat ik ze weer in het kokende water zette voor de laatste stap. Het was heet en dampig werk waarbij je boven potten azijn moest staan, maar de amateur-boer in me vond het leuk om een deel van de oogst voor de winter te bewaren. Aan het eind van de dag sierde een rij potten de vensterbank en de zon scheen erdoorheen, wat een vaag groen licht in de kamer wierp. Ik zat met mijn kin op mijn handen en keek ernaar, tevreden over de oogst van mijn eerste jaar.

Tante Barbara's groene tomaten in dille

Goed, inmaken is niet echt een lolletje. De keuken wordt bloedheet, alles ruikt naar azijn en je ogen tranen. Maar de procedure heeft iets *landelijks*, het inmaken van de zomerse overvloed voor gebruik in de winter.

Probeer het eens met tante Barbara's recept voor groene tomaten in dille. Als u geen groene tomaten heeft, kunt u ook sperziebonen, komkommers of courgettes nemen.

5 teentjes knoflook
5 stengels selderie
5 kleine groene pepers
1 bosje dille
1 liter azijn
1 beker zout
10-15 kleine tot middelgrote groene tomaten
Opbrengst: 5 potten van een liter

Was de tomaten en snijd de grote exemplaren in vieren.

Steriliseer de potten en deksels door ze tien minuten te koken en doe er de tomaten in. Doe bij iedere pot een teentje knoflook, een stengel selderie, een peper en een takje dille.

Doe de azijn en het zout bij twee liter water. Breng dit aan de kook en vul de potten ermee tot twee centimeter onder de rand.

Schroef de deksel stevig op de potten en zet ze twintig minuten in een kokend waterbad, zodat er twee centimeter water boven de deksels staat. Sla ze ten minste een maand op voor u ze gebruikt en zet geopende potten in de koelkast.

HERFSTTREK

De slotscènes zijn niet per se droevig. Een tuin moet niet alleen voor de winter worden klaargemaakt, maar ook voor de zomer. Als iemand zijn winterkwartier maakt, wil hij alles netjes en opgedoft hebben. Met zwaar weer op til brengen we alles in veiligheid.

CHARLES DUDLEY WARNER,
My Summer in a Garden, 1870

De herfst kwam langzaam op gang in Santa Cruz. De bomen veranderden niet van kleur. Er was geen nachtvorst. Herfst leek hier verdacht veel op zomer elders in het land, met heldere, zonnige luchten en warme middagen. Ik had gehoord dat je aan de westkust het hele jaar kon tuinieren, maar dat was niet waar. De tuin had een rustperiode nodig en ik ook. Het inmaken en invriezen was behoorlijk veel werk geweest en naarmate de dagen korter werden en de tomaten- en pompoenenproductie afnam, was ik bijna blij om van ze af te zijn. Ik had nog niets voor een herfstmoestuin gepland; spruitjes en muskaatpompoen hadden in augustus moeten worden geplant en ik had in september sla en erwten moeten zaaien. Zomer ging echter over in herfst en ik dacht er niet aan me voor te bereiden op nog een tuinseizoen. In ok-

198

tober, toen ik de dagelijks productie begon te missen, was het te laat er nog iets aan te doen. Ik plantte een rij boerenkool en snijbiet bij de achterdeur, samen met platte Italiaanse uien en een koelteminnende peterselie. Genoeg voor af en toe een wintersoepje.

De planten bleven zonder aanmoediging mijnerzijds doorbloeien, en daar was ik blij om, omdat ik in de herfst bezoekers zou krijgen: monarchvlinders die iedere herfst van Canada naar Mexico trekken. Niemand weet waarom, maar ze pauzeren in een eucalyptusbosje in Santa Cruz. In de vijftien of twintig bomen zitten wel zestigduizend vlinders.

Het is verstandig dat de vlinders hier rusten, want ze hebben nog een hele reis voor de boeg. Ze ontpoppen zich aan het eind van de zomer en beginnen de trek naar Mexico langs een nectarcorridor. Ze eten van salie, cosmea en duifkruid en tuiniers aan de kust bieden ze graag gastvrijheid. Ze eindigen hun reis in Michoacán in Mexico, waar ze tot aan de lente in natte, grijze massa's aan de bomen hangen, niet in staat tot vliegen in de vochtige kou. Ze zijn in rust en leven van de in de herfst opgeslagen voedselvoorraad. Als het lente wordt ontwaken de vrouwtjes, met een enorme trek in zijdeplant, en ontwaken de mannetjes, met enorme trek in seks.

Het vrouwtje maakt zich los van de groep om haar vleugels in de zon te laten drogen en het mannetje bespringt haar in de lucht, trekt haar naar de grond en brengt haar weer naar de boom. Als het vrouwtje is bevrucht, begint ze haar zoektocht naar zijdeplanten, de enige voedselbron voor de rupsen. Ze reist langzaam naar Canada en plakt onderweg vijfhonderd eitjes op zijdeplanten vast. Soms sterven de monarchvlinders, uitgeput van de lange tocht, terwijl hun jongen uitkomen en zich voorbereiden om de reis van hun ouders te herhalen.

Toen mijn tante D'Anna uit Dallas op bezoek was, nam ik haar mee om de vlinders te laten zien. We begrijpen elkaar, we spreken dezelfde geheimtaal. Zelfs nu kan ik haar nog zien, terwijl ze zich naar me toebuigt en fluistert: 'Je bent *mijn* kind. Ik heb je aan je vader geleend en hij heeft je nooit teruggegeven. Hij heeft ook al mijn Aretha Franklin-platen.' Ik wist dat ze de monarchen schitterend zou vinden.

Bij het eucalyptusbosje stonden mensen bij elkaar in nette groepjes, verrekten hun nek naar de vlinders terwijl ze met elkaar fluisterden alsof ze in een museum waren. De monarchvlinders zaten bij elkaar als natte bladeren aan de boom, met alleen de lichte onderkant van hun vleugels zichtbaar, en hielden zich vast alsof hun leven ervan afhing. Maar toen de zon te voorschijn kwam, maakten sommige zich los uit de menigte en stegen er honderden tegelijk op. De lucht vulde zich met oranje vlinders die naar de toppen van de bomen stegen en weer kalm naar beneden gleden. Iedere vleugel tekende zich scherp af tegen de blauwe hemel, een perfecte symmetrie van zwart, oranje en wit die boven ons dreef.

D'Anna en ik lagen op het observatieplatform, tussen de schoolkinderen die aan de mouw van hun ouders trokken en de natuurliefhebbers die foto's maakten. Het was – zo op je rug liggend, naar boven kijkend naar de fladderende vleugels – moeilijk om je verankerd met de grond te voelen. Ze zweefden om ons heen, landden op het platform, op onze schoenen, op de cameratas en vlogen weer op. We voelden ons samen met hen in de lucht zweven, alsof we zelf vlogen. Spreken werd moeilijk, we waren vol ontzag.

'Weet je...' mompelde ik, 'ze leven maar een jaar. Deze monarchvlinders zijn hier nog nooit geweest. Maar op de een of andere manier komen ze elk jaar op dezelfde plek.'

D'Anna antwoordde met een dromerige, benevelde stem. 'Hoe weten ze waar ze heen moeten?'

Ik dacht erover na. 'Misschien is het het bordje met "Monarchreservaat". Kunnen ze lezen.'

Ze giechelde. 'Misschien komen *zij* ieder jaar om *ons* te zien. Misschien vertellen ze het aan hun kinderen. "Ieder jaar in Santa Cruz komen al die mensen bij elkaar in een eucalyptusbosje. Niemand weet waarom. Maar het is een spectaculair gezicht. Daar moet je op weg naar Mexico toch eens langs gaan".'

Een paar dagen later at ik bij vrienden die een paar straten van het eucalyptusbosje woonden. 'Heb jij al monarchvlinders in je tuin gezien?' vroegen ze. 'Nadat ze de rustplek hebben gevonden, vliegen ze over de hele stad. Ze zitten al in de hele buurt.' De volgende ochtend zag ik in de stad meer dan tien vlinders langs de rivier fladderen. Ze waren een paar kilometer van het eucalyptusbosje en cirkelden over het pad voor me, zodat ik de details van hun vleugels goed kon zien.

De monarchvlinders kwamen ook in mijn tuin. Ze landden op de laatste zonnebloem; de andere hadden al zaad gezet en werden door de mussen aangevreten. Ze stopten bij iedere cosmea en vouwden langzaam hun vleugels open en dicht alsof ze het contrast tussen hun feloranje vleugels en de dieppaarse bloembladen van de cosmea wilden laten zien. Ze schuimden het duifkruid af en dronken eruit met hun lange, dunne tong. Ik bleef zo veel mogelijk buiten, want ze zouden niet lang blijven. Ze profiteerden van de laatste energie-uitbarsting van mijn tuin. Het zou niet lang duren voordat de regens zouden beginnen en de monarchvlinders naar Mexico zouden vertrekken; de tuin zou zich in zichzelf keren en tot aan de lente in winterrust gaan.

Terwijl de vlinders rondvlogen, maakte ik de tuin klaar voor de winter. Ik wist hoe nat de grond werd als de regens begonnen; ik zou niet veel kunnen doen zonder tot mijn enkels in de modder te zakken. Ik legde een nieuwe laag stro op de groentepaden, want de oude begon al te verteren. San Lorenzo had de week daarvoor geadverteerd met zaad van bodembedekkers, die de bodem bij elkaar zouden houden, 's winters wat extra voedingsstoffen gaven en een goede groenbemesting in de lente vormden – stikstofrijk materiaal dat kon worden ondergegraven en ter plekke composteerde, vlak voor het planten van de lentegewassen. Er waren verschillende soorten, zoals klaver en labboon. De gedachte aan jonge labbonen in de lente trok me wel aan, dus kocht ik er een zak van en zaaide ze in de nieuwe groentebedden die ik een paar maanden eerder had uitgezet. Ik trok wat onkruid uit, keerde de composthoop en drapeerde zeildoek om de wormenbak om ze tegen de regen te beschermen.

Er was niet veel te doen op die oktobermiddag. Ik had toch al niet veel tijd, de zon was bijna onder en de dagen zouden steeds korter en kouder worden. Mijn eerste jaar in de tuin was bijna voorbij. Ik stond op het punt mijn gereedschap te pakken en naar binnen te gaan, toen ik besefte dat er nog één ding te doen was – de tomaten uittrekken. De meeste waren al dood, vernietigd door schimmels en luizen. Een paar van Mammy's Hollandse tomaten hingen nog aan het rek en de Sungolds bloeiden nog en zetten nog vrucht, maar de zomerpiek was voorbij. Ik moest ze uit de grond halen en de rest van mijn labbonen zaaien voor de grond koud en zompig werd. Ik deed mijn handschoenen weer aan en wendde me met enige tegenzin naar de tomaten. Het leek wel of ik het hele jaar had besteed aan het aan de gang krijgen van deze tuin; nu kwam er een eind aan.

De tomaten kwamen gemakkelijk uit de grond en ik trok ze gewoon van de staken. De grond leek te splijten als ik trok en ging net ver genoeg open om de draderige, bruine wortels los te laten. Ik gooide de takken, verward in de bamboestaken, op de patio en greep de volgende plant. Eén voor één kwamen ze er langzaam en soepel uit, terwijl een paar overrijpe tomaten op de grond vielen. Ik keerde de grond een beetje en deed er mijn labbonen in. Verder was er niets te doen. De winter kwam en ik was klaar. Met een paar snelle rukken aan de tomatenstengels was de tuin gesloten en was het groeiseizoen ten einde. Precies op tijd; er hing een vochtige kilte in de lucht en de wolken die zich aan de horizon samenbalden, waren meer dan gewone mist uit zee. Het waren regenwolken.

De tomatenplanten gingen samen met wat luizen die het het hele seizoen hadden volgehouden in een plastic vuilniszak in plaats van op de composthoop, die anders als winterkampeerplaats voor de luizen zouden hebben gefungeerd. Voor ik ze weggooide, plukte ik de overgebleven rijpe tomaten. Er stond nog wat basilicum en veel knoflook, dus ik nam nog een laatste handvol mee naar binnen om een tomatenschotel als afscheid van de zomer te maken: gesneden tomaten, lintjes basilicum, gehakte knoflook en geurige olijfolie. Ik zou dit gerecht niet meer zien voor juni of augustus volgend jaar. Ik riep Scott de keuken in en hij zat tegenover me aan de keukentafel. Terwijl het donker werd, aten we langzaam de tomaten op, genoten ervan, omdat we ze lange tijd niet meer zouden proeven.

Bodembedekkers

Ik kwam erachter dat bodembedekkers essentieel zijn aan de westkust, waar de winterregens de tuingrond wegspoelen als er niets is wat hem vasthoudt. Ik plant nu iedere herfst bodembedekkers en ik laat in de winter een bed met koelteminnende gewassen als prei en bieten staan. In de lente plant ik rode klaver, die de hele zomer bijen en in oktober de eerste monarchvlinders aantrekt en de bodem van stikstof voorziet nadat ik de restanten voor de winter de grond in heb gewerkt.

Mijn favoriete wintergewas is labboon. De gladde, bruine

zaden zijn zeer aantrekkelijk; ze zijn groot en geruststellend en ik associeer ze met de herfst. Ik koop ongeveer een kilo zaad, meer dan genoeg voor mijn stukje grond. Ik wacht op een koele dag in oktober, na de eerste regen, om de bonen met mijn duim de natte aarde in te duwen. Binnen een paar weken komen er dikke, groene stengels uit en gedurende de winter worden ze groot en dicht en overwoekeren ze de klaverzuring. In de lente spit ik de meeste onder zodra ze bloeien, maar ik laat er een paar staan, zodat ik de jonge peulen kan oogsten voor een lentepasta met labbonen, boerenkool en geraspte romanokaas.

OPNIEUW BEGINNEN

*Ik besef nu dat die eerste jaren mijn proeftijd waren, die
me voorbereidden op het aanleggen van mijn kleine,
grijze tuin bij de zee.*

ANNA GILMAN HILL, Forty Years of Gardening, 1938

Ieder jaar werd de tuin iets voller. Ik vulde de patio met rode
geraniums en winde golfde over het hek. De kleine voorka-
mer werd een kas waar ik in de winter voor de moestuin
zaaide. Ik kweekte zoveel tomatenrassen dat ik een aantal in
grote zwarte plastic potten van het tuincentrum plantte en
de rest aan de voorkant bij de stoep zette, waarop de toeristen wel commentaar hadden, maar ze lieten ze onberoerd
staan.

Een schaduwrijk reepje grond langs de garagemuur werd
een gedenkplaats. Op een lente begaven Grays nieren het,
toen ze twintig was en ik zevenentwintig. Niemand die ik
kende had zo lang een huisdier gehad als ik Gray. Het leek
logisch haar in de achtertuin te begraven, waar ik zachte,

grijze ezelsoor en vergeet-mij-nietjes bij haar graf plantte. Haar aanwezigheid veranderde de tuin en gaf er iets verdrietigs aan. Het kleine, bespikkelde bloembed waar ze was begraven werd uiteindelijk gevuld met akelei en anjelieren, margrieten en calla's. In de lente lieten de camelia en de blauweregen hun bloembladen allemaal tegelijk vallen, waardoor haar graf werd bedekt met karmijnrood en blauw. Het leek op een beheerste vastenavond. Gray zou het mooi hebben gevonden, denk ik.

Na een paar jaar begonnen Scott en ik te beseffen dat we niet voor altijd in Santa Cruz konden blijven wonen. Dat besef daagde langzaam en we wilden er eerst niet veel aandacht aan besteden. We hielden van het leven in een badplaats: we hielden van de oceaan, de achtbaan en het feit dat overal om ons heen mensen op vakantie waren. Nu Gray in de tuin was begraven, leek mijn hart nog steviger dan ooit geworteld in ons stukje grond in Santa Cruz. Terwijl we er woonden, waren de huren echter torenhoog gestegen en we moesten langere werktijden maken. Het begon barbaars te lijken om veertig of zelfs vijftig uur per week in een kantoorpand door te brengen. Ik had vrienden die manieren hadden gevonden om in deeltijd te werken, te reizen en het langzaam aan te doen om van het leven te genieten. Ik benijdde ze. Ik wilde mijn kantoorbaan opzeggen en een tuincolumn schrijven of in een tuincentrum werken, maar ik kon het me niet veroorloven. We hadden twee fulltime banen nodig om de rekeningen in een dure stad als Santa Cruz te betalen. Ik wilde liever een huis kopen, ik wilde de grond bezitten die ik bewerkte. Kopen, maar dat is makkelijker gezegd dan gedaan: de meest eenvoudige huizen gingen voor bijna een half miljoen dollar van de hand.

Ik was niet de enige die er zo over dacht. Scott moest elke dag naar Silicon Valley forenzen en terwijl hij in zijn auto zat, in het verkeer en de smog, dacht hij aan zijn boeken-zaak, de bestellingen die moesten worden uitgevoerd en de zeldzame boeken die lagen te wachten om in stoffige oude boekwinkels te worden gevonden. Het komt nooit goed uit om een vaste baan op te zeggen en zelf een zaak op te zetten. Er is nooit genoeg geld en er zijn altijd risico's. Maar Scott had in de auto de gelegenheid er lang over na te denken.

Geleidelijk begon het door te dringen dat we Santa Cruz moesten verlaten.

Eerst moesten we een nieuwe plek vinden. We hadden nogal een lijst van eisen: we wilden in Californië blijven, waar ik het hele jaar kon tuinieren, we wilden op loopaf-stand van zee wonen en we wilden een kleine stad, met leuke oude huisjes. Uiteindelijk besloten we dat onze beste keus Eureka was, waar Scott eerder had gewoond. Het is een vreemd, maar eerlijk, pretentieloos plaatsje met Victoriaan-se huizen, bekend om zijn vissershaven en ouderwetse stadsplein met bakstenen. Het weer is zeer Noordwest-Paci-fisch, koud, mistig en regenachtig, maar dat kon ons niet schelen. Scott had een paar jaar eerder een melanoom laten verwijderen en mocht absoluut niet in de zon komen. Als mensen ons voor het grijze, bewolkte weer van Eureka waarschuwden, glimlachte hij en zei: 'Ik denk dat ik voor mijn hele leven genoeg zon heb gehad.'

We gingen niet meteen tot actie over. We belden een paar

makelaars en bestelden huizenlijsten uit de krant. De beslissing moest een tijdje bezinken. We keken naar de zee, we wandelden langs de achtbaan, die al gesloten was voor de winter. We zeiden het geen van beiden, maar dachten het allebei: moeten we dit echt allemaal opgeven?

Ik wandelde veel door de tuin in die tijd, me afvragend welke planten ik mee zou nemen en welke ik zou achterlaten. Ik had een vriendin die haar tuin ooit verhuisde. Zij en haar man scheidden en hij hield het huis. Ze had er acht jaar gewoond en had een bijzondere verzameling zeldzame planten: kleine, tere, sliertige dingen die uit Australië waren meegesmokkeld en die 's winters onder glazen stolpen stonden, tropische klimplanten en siergrassen in alle kleuren van grasgroen tot sparrenblauw en van rood tot zwart. Ik ging op een dag naar haar huis toen ze haar planten uitgroef. Ze had zelfs nog geen nieuwe stek om te wonen gevonden.

'Die smeerlap,' mopperde ze tijdens het graven. 'Hij wil dat ik al mijn planten weghaal.' Ze ging staan en keek me aan. 'Ik heb deze hele tuin aangelegd!' zei ze. 'Afrikaantjes! Dat krijgt hij. Afrikaantjes, viooltjes en verdomme, ook de *vlijtig-liesjes*,' zei ze minachtend, terwijl ze naar de ontredderde tuin om haar huis keek.

Mijn planten waren allemaal zo gewoon – margrieten, schildpadbloem, vingerhoedskruid, salie – dat ik er niet aan zou hebben gedacht ze mee te nemen. Ik kon die planten in Eureka kopen, zei ik tot mezelf, of ze uit zaad kweken als ik daar woon. Maar ik wilde iets meenemen uit Santa Cruz,

dus ik begon ze uit te graven, de margrieten, het vingerhoedskruid, alles wat ik veilig uit de grond kon trekken en in
een pot van vijf liter kon zetten. Ik overwoog stekken van de
salie te nemen en verzamelde zaad: duifkruid, papaver, cosmea en duizendblad, zoveel als er in een envelop kon.

Uit de moestuin kon ik niet veel meenemen. De meeste
groenten waren trouwens eenjarigen die ik ieder jaar zaaide.
Ik overwoog een artisjok uit te graven en een paar kruiden.
Ik wilde Scotts oregano meenemen, die hij uit Eureka had
meegenomen toen we hier kwamen wonen. De asperge kon
niet worden achtergelaten. We hadden hem als drie jaar oude wortelstok gekocht en in onze tuin vertroeteld, waardoor
hij ieder jaar meer wortels kreeg. Asperge kost geduld en het
duurt jaren voordat hij een redelijke oogst oplevert. Voor we
verhuisden, besloot ik, zou ik de wortels opgraven en ze in
een emmer met grond doen voor de reis naar hun nieuwe
thuis, en ze een goede plek in de verhuiswagen geven, naast
de wormenbak. De wormen zouden een langere reis maken
dan ze zich konden voorstellen, zonder de veilige besloten-
heid van hun zwarte plastic huis te verlaten.

We gingen op huizenjacht tijdens een weekeinde rond
Thanksgiving en kwamen in Eureka met een lijst van wen-
sen. Die hadden we gemaakt op de zeven uur durende rit
van Santa Cruz naar Eureka, door een lange vragenlijst in te
vullen die achter in een boek over het kopen van een huis
stond. Scott reed en ik las de vraag op en noteerde het antwoord.

'Architectuurstijl,' las ik. Die was veilig: Victoriaans had de voorkeur. Iets met geschiedenis, met karakter. Voor óns geen gelijkvloerse woning.

'Oppervlakte.' Ook een gemakkelijke. Enorm. Zo groot als we ons konden permitteren. Geen grote schaduwbomen, want mijn tuin zou alle zon nodig hebben.

'Locatie.' Loopafstand van het centrum en de haven. Het strand moesten we opgeven als we verhuisden. Eureka lag aan een beschutte haven, en het echte strand lag kilometers verderop. Dus we wilden op zijn minst na het eten een wandelingetje naar de haven kunnen maken, waar iedere ochtend de vissersboten werden gelost.

Toen we er waren, was de lijst klaar. We hadden een logeerkamer nodig, een kantoor voor Scott en een bibliotheek voor mijn onderzoek. We moesten een grote keuken hebben en een open haard. Voor twee mensen die altijd op een flatje of in een klein huis hadden gewoond, hadden we opeens veel ruimte nodig.

De makelaar bracht ons naar een paar huizen die ze voor ons had uitgezocht. Sommige hadden een te kleine tuin. Andere leken klein en donker, een verkeerde keuze in een plaats die toch al donker en mistig is. Eén was vlak naast een middelbare school, en tieners hingen 's middags op het gazon rond. Scott en ik keken naar elkaar en dachten hetzelfde – tieners, erger dan toeristen. 'O ja,' zeiden we tegen de makelaar, 'geen drukke straten en scholen.' We gingen naar het volgende huis, een perfect gerestaureerd pand met een lichte zolderkamer en moderne voorzieningen, maar in de straat werden we door een paar rottweilers toegeblaft en op het gras bij de buren stond een auto te roesten. De buurt maakte ons een beetje nerveus.

Toen zei de makelaar: 'Hier heb ik een huis dat pas sinds vanochtend op de lijst staat. Het valt een beetje buiten jullie budget, maar we kunnen eens kijken.' Toen ze voorreed bij een pas geschilderd Victoriaans huis van drie verdiepingen, hield ik mijn adem in. Het was een plaatje van een huis, crèmewit met lichtoranje en wijnrood geschilderd met korenblauwe randjes. Er waren twee voordeuren, een overblijfsel uit de tijd waarin het huis in tweeën was gedeeld. Vitrage bolde op in de vensters. Aan de voorkant bloeiden rododendrons en camelia's.

Scott en ik volgden de makelaar naar binnen. We liepen langzaam door de voorkamers, een formele eetkamer en een grote, zonnige keuken. Boven waren vier slaapkamers en een grote badkamer met een badkuip op leeuwenpoten, ideaal na een lange dag werken in de tuin. Nog een verdieping: een grote zolder, die alleen maar wat beter moest worden geïsoleerd, met overzicht over de tuin.

En wát een tuin! Hij was veel groter dan we in Santa Cruz hadden: een lange, smalle voortuin van ongeveer achttien meter lang en vijf meter breed, een beschaduwde zijtuin bij de keuken en een grote, zonnige tuin aan de andere kant. Aan de achterkant lag een tuin van dertien bij dertien meter, genoeg voor een moestuin die tweemaal zo groot was als die in Santa Cruz.

We zagen die dag nog enkele andere huizen en maakten van elk huis foto's en aantekeningen. We lieten de foto's ontwikkelen en bespraken alle huizen die we hadden gezien. Scott vond een ander Victoriaanse huis leuk, kleiner, maar prachtig gerestaureerd, met minder grond. De prijs was goed, 95 000 dollar, maar de buurt leek een beetje dubieus en het centrum was iets te ver weg. Hoewel onze mooie Victoriaan – ik begon hem al *onze* te noemen – 129 000 dollar kostte, leek het prijsverschil klein, gezien de voordelen; het was zoveel groter, maar acht of tien blokken van het centrum en in een veel betere buurt. Over twintig jaar zal dat prijsverschil niets lijken, maar het verschil tussen de twee huizen alles.

We sliepen niet die nacht. Ik droomde de hele nacht over schulden. In halfslapende toestand probeerde ik de hypotheek, de onroerendgoedbelasting en de verzekering te berekenen. Ik piekerde erover of we het konden verhuren in de tijd die we nodig hadden om ons voor te bereiden voor de verhuizing. Ik telde op wat we iedere maand in sparen en pensioen staken en vroeg me af of we de hele som konden opbrengen als dat moest. Op een gegeven moment stond Scott op, denkend dat ik sliep, en ging naar de badkamer waar hij het licht kon aandoen en door de makelaarstijdschriften kon bladeren en erover piekeren.

De volgende ochtend, na misschien vier uur slaap, zeiden we de makelaar dat we het huis nog eens wilden zien. We besteedden de hele ochtend aan het bekijken ervan. Ik maakte foto's van alle kamers, Scott maakte een plattegrond van het huis en we zochten naar verborgen gebreken, alles wat ons van gedachten zou kunnen doen veranderen voor we een bod deden. Aan het eind van de dag waren we zeker van onze beslissing. We gingen terug naar het kantoor van de makelaar om een bod te doen en om vijf uur waren we op de terugweg. Zes weken later waren we de huiseigenaars van het pand. De mensen van wie we het kochten, hadden zelf nog niets nieuws gevonden, dus we verhuurden het huis aan hen terwijl wij ons op de verhuizing voorbereidden.

Huiseigenaar zijn veranderde de manier waarop ik over vakantie dacht, die nog maar een paar weken in het verschiet lag. We hadden in de jaren dat we samen waren nog nooit een kerstboom gekocht. Een boom plus versiering in één keer kopen was te duur of we waren weg met de kerstdagen. Maar nu we een huis hadden, wilde ik onze eigen vakantietraditie instellen in plaats van de familie daarvoor te laten zorgen in de paar dagen dat we Kerstmis met ze doorbrachten.

Ik wist dat we ergens, misschien op zolder, een doos kerstversiering hadden. Mijn oom en tante uit Texas hadden het jaar daarvoor wat prullerige versieringen gestuurd en Scott had wat versiering meegenomen van een kerstfeestje van kantoor. Ik had lichtjes die ik in de uitverkoop had gekocht en een verzameling linten en kransen die ik van verpakkingen had bewaard. We waren naar Santa Fe op vakantie geweest en hadden gedroogde pepers en een kitscherige ster voor in de top gekocht.

Al die versieringen zaten in een doos met 'Kerstmis' erop, terwijl ik peinsde over wat voor boom ik wilde. Scotts mening vroeg ik niet. Ik wist dat als ik de juiste boom koos, ik hem wel in de sfeer kon brengen. Ik had nog niks besloten toen ik op een dag tussen de middag naar San Lorenzo ging. De sixpacks met eenjarigen waren er niet meer en in plaats daarvan lag er een assortiment kerstbomen, kransen en slingers. Ik maakte me zorgen over LeRoys gedrag met een kerstboom in huis. Hij zou waarschijnlijk regelrecht naar de top klimmen, als de boom dat kon dragen, hij zou zich met één poot vasthouden en met de andere de versiering eraf meppen. Ik overwoog om zes meter slingers te kopen en daar de boom en een paar ramen mee te versieren. Of misschien alleen een krans... toen vond ik een uitstalling met zestig centimeter hoge dwergdennetjes. Deze boompjes groeien goed in een pot, stond er op het bord en blijven jaar na jaar klein en perfect kegelvormig.

Ik koos de grootste dwergkerstboom die ik kon vinden, die een dikke tien centimeter boven de rest uittorende, een houten bak en wat dennen- en cedertakken voor om de voet. Ik nam alles mee naar huis en liet het een paar dagen staan voor ik de boom ging versieren.

Toen ik de versiering te voorschijn haalde en begon de lichtjes uit de knoop te halen, zat Scott als gewoonlijk achter de computer om wat administratie voor zijn boekhandel te doen. Ik zei niks tegen hem, maar na een paar minuten hoorde ik Blue Christmas van Elvis uit de cd-speler klinken en voelde ik hoe Scott me naar de mistletoe trok die ik net in de deuropening had gehangen. 'Dit was een *goed* idee,' fluisterde hij, lachend naar het boompje en het handjevol versieringen. 'Misschien vieren we volgend jaar Kerstmis in ons eigen huis. Hoe lijkt je dat?'

Hoe lijkt me dat? Ik voelde al een huivering van opwinding over mijn rug lopen als ik eraan dacht.

Terwijl Elvis op de achtergrond kweelde, haalde Scott de lichtjes uit de war en drapeerde ze rond de boom en hingen we de zeven of acht versiering op. Toen we klaar waren, deed ik de stekker van de ster in de top van de boom in het stopcontact. Hij was een beetje zwaar voor zo'n kleine boom, maar hij bleef staan.

's Avonds, als de lichtjes brandden, was onze boom de mooiste boom die iemand ooit had gehad. Het leek de soort boom die we zouden hebben gekocht toen we pas met elkaar omgingen, in onze karige studententijd. We hadden nu een enorme boom kunnen kopen, met alle toebehoren, maar het was goed om met dit kleintje te beginnen en hem mee te nemen naar ons nieuwe huis en het water te geven en te zien groeien.

BRIEF AAN DE TOEKOMSTIGE
TUINIER OP BUENA VISTA 118

Beste tuinier,

Ik voel me een beetje mal om deze brief achter te laten, maar ik vraag me af wie de volgende verzorger van mijn tuin is, nu ik vertrek. Ik denk dat de meeste tuiniers wel een briefje zouden willen achterlaten als ze konden, een soort gebruiksaanwijzing voor de volgende tuinier, alvorens voorgoed te vertrekken. Ik voel me als een moeder die instructies voor de babysitter achterlaat, behalve dan dat ik aan het eind van de avond niet terugkom. De tuin is nu van u, dus doe ermee wat u wilt. Toch zijn er misschien wat raadsels die ik kan oplossen, een paar geheimen die ik kan doorgeven.

Ik ben een beetje overweldigd door de verhuizing, want ik weet dat ik na al deze jaren de tuin niet geheel achter me kan laten; er zijn delen die ik wil meenemen. Er moeten zaden worden verzameld, stekken worden genomen, bollen worden gesplitst. Ik heb tenslotte een investering gedaan. Ik heb talloze uren en een onvoorstelbaar bedrag gestoken in het tot leven brengen van deze tuin en ik zou gek zijn dat zomaar achter te laten. Ik wil een paar van de planten meenemen naar mijn volgende tuin, evenals een gedeelte van wat er al was: de oude, knoestige blauweregen, de betrouwbare camelia, de vroegbloeiende crocosmia. Als er stekjes kunnen worden genomen, zal ik dat doen en ze meenemen op de achterbank, ingeklemd

tussen een lamp en een gereedschapskist. Als een kettingbrief
neem ik een plant van deze tuin naar de volgende mee, en van
de volgende naar de daaropvolgende, enzovoort, tot ik op een
dag een oude vrouw ben, die een lappendeken van een tuin
verzorgt, met stekjes en restanten van alle tuinen die ik vroeger
heb onderhouden.

Er zijn een paar dingen die ik u moet vertellen over de tuin,
nu ze nog vers in mijn geheugen liggen, voordat ik zo druk met
verhuizen ben dat ik geen tijd meer heb om mijn gedachten te
ordenen. Misschien komt u hier nadat de tuin een paar jaar
onverzorgd is gebleven. Misschien is hij een jaar of tien of lan-
ger verwaarloosd, terwijl de huurders van het huis met minder
huiselijke dingen bezig waren. Als hij er wild en overwoekerd
uitziet, goed. Hij was nooit wild genoeg toen hij nog van mij
was. Ik ben blij dat hij zijn werk beter deed zonder mij, en ik
ben niet verrast.

Als u hier in de winter komt, spaar uw krachten dan en laat
de klaverzuring zijn gang gaan. Als u ze probeert te wieden, la-
ten de jonge knolletjes los, waardoor er tientallen nakomelin-
gen voor volgend jaar in de grond blijven. Ja, het zal de hele
tuin een paar maanden overnemen. Ja, het zal de jonge zaai-
lingen en de tere bollen verdrukken. Ik heb jaren geprobeerd
het uit te roeien, maar het lukte niet. Zie het als een oefening in
berusting, in een soort zen-toegeeflijkheid die u zich de rest
van het jaar misschien niet meer kunt permitteren.

Het spijt me van de citroenboom. Ik gaf al mijn liefde aan
de sinaasappelboom, heb hem bemest, ontluisd en met beleid
gesnoeid. Ik begon met dikhuidige, bittere vruchten en eindig-
de met sappige, zoete Valencia's. Ik hield 's winters de verkoud-

219

heid buiten de deur met de vruchten van die boom. Ondertussen heeft de citroenboom geleden. Ik heb een paar oude, halfdode takken drastisch afgesnoeid, maar hij maakte nooit meer dan een paar eetbare citroenen per jaar. Ik zie nu dat de bladeren geel zijn. Waarschijnlijk heeft hij ijzergebrek. Dat was slordig van me en ik heb geen excuus. Maar probeer hem te verzorgen zolang als u kunt.

Geef de fuchsia's en de blauweregen niet op. Het zijn oude planten, en hun takken zijn verbazingwekkend licht en broos, zoals de botten van een oude vrouw. Als u ze echter af en toe bemest en snoeit, belonen ze u iedere lente met een bescheiden bloemenshow.

O ja, als er 's zomers een tomaat opkomt, moedig hem dan aan. Waarschijnlijk bent u dan gezegend met 'Sungold', de zoetste kerstomaat die ik ooit heb geproefd. Ik heb ze ieder jaar gekweekt, en aan het eind van het seizoen was het bed overdekt met overtollige tomaten. Hij komt op uit een vroeger tomatenbed als u daar niets aan doet, en als u niet van kerstomaten houdt, zal hij u voor zich winnen.

Als er in de zijtuin rozen staan, komt dat doordat het me niet is gelukt ze helemaal uit te roeien. Het zijn vreselijke, stekelige dingen, nergens goed voor, met maar een enkel bloemetje. Graaf ze uit als u kunt, of hak ze de grond in, maar val niet ten prooi aan de voorspiegelingen van een prachtige rozentuin. Ze zullen u alleen maar teleurstellen.

Ja, ik ben verantwoordelijk voor de vergeet-mij-nietjes. Ik heb er een rijtje van geplant en nu zijn ze overal: in de groentebedden, tussen de bodembedekkers en zelfs in bloembakken op de voorgalerij, alles het resultaat van een ongelukkige combinatie van stekelige zaadjes en een avontuurlijke jonge kat die graag in de tuin speelt. Nou, er zijn ergere dingen dan vergeet-mij-nietjes en u hebt tenminste wat te plukken in februari en in de vensterbank te zetten.

Ik heb één verzoek, als u me wilt vergeven dat ik eisen stel over een tuin die ik verkoos achter te laten. Maar ik voel me genoodzaakt dit te vragen: als u kunt, laat dan het plekje tussen de blauweregen en camelia, onder de dakrand van de schuur, onbewerkt. Als er niets is veranderd, zult u de plek wel vinden, want hij is overdekt met ezelsoor. Ik weet dat dat lastig is, want u wilt wellicht die oude schuur slopen om de tuin uit te breiden of er een garage te bouwen, maar ik heb een huisdier op die plek begraven, en ik zou het vreselijk vinden als ze werd opgedolven of bestraat. Laat haar daar, als u kunt – het is een vredige, rustige plek en ik weet zeker dat u blij zult zijn dat u hem hebt gelaten zoals hij is.

Misschien is het een beetje raar om deze brief te schrijven. Tenslotte is de grond niet van ons. We bezetten hem alleen maar. Tuinieren heeft me het volgende geleerd. Ik kwam op dit stukje grond en wist meteen dat iemand er voor mij was geweest. De narcisbollen langs het hek, de oude floribundarozen en de citroenbomen wijzen alle op een tuinier van lang geleden met een ambitieus plan. Maar de planten vertellen niet het hele verhaal. Toen ik op een dag in de tuin aan het graven was, vond ik een steen, die tot een ruw werktuig was bewerkt. Iemand was hier lang vóór mij geweest, gehurkt op een kale rots met uitzicht over de rivier, voor de kolonisten kwamen en het land rond de baai bezetten. Land is het enige dat niet kan worden verplaatst, dat ik niet kan meenemen. Het zal hier

blijven voor de volgende generatie en de generatie daarna en
het zal ons gegraaf en gestamp zo veel mogelijk verdragen.

Ik hoop dat ik de tuin in een betere toestand heb achtergela-
ten dan toen ik hier kwam. Hij kan onverzorgd zijn als u hem
aantreft, maar wacht. Ik weet zeker dat de cosmea zich zullen
uitzaaien en het duizendblad stand zal houden tegen de kla-
verzuring, en dat ergens in de wildernis, in de vriendelijke
warboel, de vlinders en de bijen zullen terugkeren, zoals ze al
jaren doen. Ik wens u veel geluk en geduld en veel zon,

Amy Stewart

VERANTWOORDING

Ik wil mijn ouders danken voor het goede voorbeeld van hard werken en toewijding aan hun kunst en mijn broer dat hij de lat voor artistieke prestaties in onze familie zo hoog heeft gelegd. Dank aan David en Nikki Sands, Annette Brooks en Chris Fore voor hun liefhebbende steun. Vier geweldige schrijvers, Carl Klaus, Carolyn Flynn, Wendy Counsil en Beverly Levine, hebben het manuscript gelezen en waardevol commentaar geleverd. Dank aan Trayce Lea Lawson, uitgever van *La Gazette*, en Pat Stone, uitgever van *GreenPrints*, die in de loop der jaren bepaalde delen van dit boek hebben gepubliceerd. Mijn agent Blanche Schlessinger geloofde al vanaf het begin in dit boek en mijn uitgever van Algonquin, Antonia Fusco, begeleidde het met vertrouwen, vakmanschap en geduld.

Ik ben veel dank verschuldigd aan Bookshop Santa Cruz en Capitola Book Café. Ik deed onderzoek in deze boekwinkels, schreef er volledige hoofdstukken en kwam soms langs na een dag hard werken om in een stoel te vallen en de bedwelmende geur van gedrukte boeken in te ademen. Ik kon als schrijver niet overleven zonder boekwinkels in de buurt.

Ten slotte gaat mijn dank uit naar mijn echtgenoot Scott Brown, voor zijn buitengewone geduld en vriendelijkheid, zijn goede humeur en zijn gulle vertrouwen in dit boek en in mij.